和ごころ、こと始め。

日本のたしなみ帖

Can you introduce the charm of Japan?

Japanese cuisine

和食

真心も、いただきます

自由国民社

はじめに

２０１３年にユネスコの無形文化遺産に登録された〝和食〟。申請にはその特徴として、①多様で新鮮な食材とその持ち味の尊重、②栄養バランスに優れた健康的な食生活、③自然の美しさや季節の移ろいの表現、④正月など年中行事との密接な関わり、の４つが掲げられました。欧米での認知度も高く、外国人観光客からも関心の高い日本料理＝和食ですが、果たして自分たちの国の食文化について、みなさんはきちんと説明できるでしょうか？　日本文化を見直す機運が高まっている今、ぜひ知っておきたい和食について一冊にまとめました。

第一章では和食とは何かを見つめ直し、続く第二章でその歩みを辿ります。さらに第三章では実践編として、だしのひき方・米の炊き方にはじまり、代表的な家庭料理をレクチャー。次の世代の担い手となってゆくみなさんが、すばらしき和食のなりたちと魅力を知り、そこに込められた日本人のこころに触れていただければ幸いです。

Introduction

In 2013, *washoku*—Japanese cuisine—was inscribed by the United Nations Education, Social, and Cultural Organization (UNESCO) as an Intangible Cultural Heritage. In its application form, the Japanese government cited as its distinctive features (1) the use of diverse, fresh foodstuffs and respect for their natural flavors, (2) constituting a healthy diet with superb nutritional balance, (3) the way it expresses the beauty of nature and the changing of the seasons, and (4) its connection with annual observances such as New Year's celebrations. Japanese cuisine is well known in the West and many foreign tourists are quite interested in it, but can you in fact properly explain the dietary culture of your own country? Given that the time being ripe for giving Japanese culture a fresh look, we put together this book with everything you should know about *washoku*.

In Chapter 1, we take a fresh look at what Japanese cuisine is, and in Chapter 2 unravel how it got to be that way (i.e., its history). Chapter 3 offers a practical approach, with lectures on typical homestyle cooking including how to make *dashi* (soup stock) and cook rice. Everyone bears a responsibility to future generations. We would be happy if all of you knew something of the history and appeal of Japan's wonderful foods, and encountered the souls of the Japanese people embodied therein.

目次

和食　真心も、いただきます

第三章

第一章

和食って何でしょう？

What is WASHOKU?

解説＝野﨑洋光（分とく山総料理長）

Why is it that, even though many people say they love Japanese food, they think that making it is troublesome and the use of established routines makes it difficult? What is the best way for us to incorporate Japanese food—once the most familiar thing in our lives—back into our lives? How can we best pass it on to the next generation? We asked master cook Nozaki Hiromitsu to provide us with basic knowledge about Japanese cuisine and ways to enjoy it.

「和食は大好き！」という人が多いにもかかわらず、作るのは手間がかかる、決まりごとがあって難しいと思われるのはなぜでしょう。本来もっとも身近である和食を、わたしたちはこれからどのように暮らしに取り入れ、次の世代に伝えていけばよいのでしょうか？ 料理人の野﨑洋光さんに和食の基礎知識と楽しみ方を教えていただきました。

多種多様で新鮮な食材こそがご馳走です

和食の大きな特徴のひとつは、「多様で新鮮な食材とその持ち味を尊重する」ということです。ご存じの通り、日本は南北に縦長い島国ですね。山脈があることで美味しい水が湧き、川から海へと流れ込むことによってきれいさを保っています。そして四季があります。このため穀物、野菜、果物、魚と、その土地の、その季節でしか味わえない、実に多種多様な自然の恵みがあるのです。

「身土不二《しんどふじ》」という言葉がありますね。人間の身体と土地（環境）は切り離すことができない。つまり、その土地の季節のものを食べていれば、元気に長生きできるという意味です。昔は物流も発達していませんから、土地に根ざして暮らし、土地のものを食べるほかないわけですが、実際のところ、旬の食材は美味しくて身体にもよく、理にかなった食生活を先人は送っていたのです。

しかしその反面、凶作や自然災害の心配もありました。作物が穫れない。それはすなわち、命に関わることです。このため、自然を崇《あが》め、貝塚などを作って地の物を捧げ、感謝と敬意と願望を込めて五穀豊穣や無事を祈りました。

おもに農作業にまつわる行事は、1年が立春から始まる二十四節気七十二候《にじゅうしせっきしちじゅうにこう》という暦の中で、季節の流れに沿って執り行われ、伝統食や行事食へとつながっていきます。また、飢饉《ききん》に備えて食物を貯蔵する技術も発達しました。たとえば、石油文化が始まってわずか100年であるのに対し、醤油《しょうゆ》は誕生して400年、味噌は1600年。先人の優れた知恵は、今に継承されています。

食材の話に戻りましょう。物流が発達した現代、一年中何でも手に入り、旬がなくなったと言われます。便利になる反面、多くの食材があることが、かえって和食を複雑に難しくしているのでしょうか。大事なものや本質が目に入らなくなり、「衣食足りて、礼節を知る」どころか、「礼節を欠く」となっているように思えてなりません。

和食には、「走り・旬・名残」という言葉があり、出始めのことを「走り」、市場に出回り美味しく安く食べられる時期を「旬」、そして「来年までもう食べられない」と惜しむ時期を「名残」と言います。旬とは簡単に言ってしまえば、「食べ頃」のことです。もちろん自然が相手ですから、何月何日になったから「旬」と決められるものではなく、地域によっても美味しい時期は異なります。

たとえば魚の旬は、産卵のふた月前からひと月前。鮎は6月が食べ頃と言われていますが、実際には7月8月になると、美味しい上に安くなります。世間一般の言葉に惑わされずに、「この時期にしか食べられない、季節を感じる食材」を選び取る目が必要です。素材を見る目を養うには、素材そのものを真剣に見ること。色や香りまでしっかりと確かめ、素材本来の味を知ること。そして料理をつくり、味わうことが近道です。自分の目で見て、自分の舌で味わってみることでしか、本物は見つけられないものです。

素材の持ち味を生かす

美味しい料理は、美味しい素材なくしては完成しません。逆を言えば、美味しい食材さえあれば、料理の出来は9割がた保証されたようなもの。特に家庭料理の場合は、ビジネスとして成立している料理屋の料理とは別レールで走っています。手の込んだ料理屋の技術や常識を覚える必要はなく、旬の新鮮な食材をシンプルな味付けと手間で作ればよいのです。

ただ、素材をどのように切り、他の素材をどう組み合わせれば持ち味を最大限に引き出せるのか。その基本となる料理の仕組みは、先人の知恵が道標となります。さらに「なぜこの季節にこの料理を食べるのか」といった食文化や歴史を紐解いていくと、和食の奥深さと楽しみがいっそう実感できると思います。

一《いち》汁《じゅう》三《さん》菜《さい》は バランスのとれた 理想的な食事

「栄養バランスに優れた健康的な食生活」という点も、和食の大きな長所です。昔の人たちは、栄養素など詳しいことは知らなくても、体験的に何をどう組み合わせて食べればよいかを知っていました。

和食の取り決めは、実はそうたくさんあるわけではありませんが、基本となる考え方はあります。そのひとつが、陰陽五行《いんようごぎょう》です。

陰陽五行とは、古代中国から伝わる思想で自然界のバランスを表すもの。自然界のあらゆるものを「陰《いん》」と「陽《よう》」に分け、さらに自然界は「木」「火」「土」「金」「水」の5つの要素で成り立っていると考えます。

日本で古くから伝わる一汁三菜は、ごはんに味噌汁、主菜、副菜が2品。昔は肉食が禁止されていましたから、主役の動物性たんぱく質は魚であることが多く、

一汁三菜

ご飯で炭水化物、汁物で水分、おかずでその他の栄養をバランスよく。

これを「陽」とすると、脇役には、ビタミンやミネラルが豊富な野菜を「陰」としてつけます。まさに理想的なバランスの食事です。

また「一汁」の味噌汁は、白いごはんには合わせますが、炊き込みごはんやお寿司のときはおすましを添えます。塩をしていないフレッシュな魚は濃いたれに絡ませ、塩をした魚は薄いだしで調理するというのも同様です。

盛り方にも陰陽があり、四角い器に盛るときは丸く盛り、丸い器には四角に盛る。さらに五行の観点から「五味・五色・五法」を考慮し、五味（甘い・辛い・酸っぱい・塩辛い・苦い）、五色（赤・青〈緑〉・黄・白・黒）、五法（焼く・煮る・揚げる・蒸す・生〈切る〉）と、同じものが重ならないようまんべんなく整えます。

西洋料理は脂肪を旨みとする脂肪文化ですが、和食はバランス重視。結果的にカロリーも低く、栄養面でも優れたヘルシーな食のスタイルとなっているのです。家庭でみなさんが献立を組み立てる際も、このように主役（陽）に脇役（陰）を足す、加減をしながらバランスをとる、と考えればまず間違いありません。

もちろん料理屋も陰陽五行を大事にしますが、趣が少々異なります。たとえば料理屋では秋になると松茸の土瓶蒸しをお出しします。主役が松茸であるところに、主役級の鱧《はも》や海老も入れます。これはお客様にもっと喜んでいただこうというプロの料理だからこその取り合わせで、基本に沿って考えるならば、豆腐と三つ葉を添えるのが妥当なバランスでしょう。

和食が難しいという声が多いのは、家庭料理と料理屋のプロの料理の常識が混同されることが一因でしょうが、家庭料理は本来、わかりやすく簡単なものです。

家庭料理は簡単でいい

歴史を振り返ると、日本人の食が大きく変わった転機は、物流の発達と冷蔵庫の普及。江戸に食材が集まった元禄時代に武家の儀式用の本膳料理が確立し、さらに会席料理へと発展しました。今日の料理屋の料理はこの延長線上。宴席にふさわしい酒肴と、日々の食卓に載るおかずは、目的も作り方も違います。

たとえば、和食は「だしが命」と言われますが、家庭で作る具だくさんの味噌汁にだしはいりません。きのこ、わかめ、油揚げ、野菜と、素材から旨みが出てきます。料理屋は旨みを煮出している時間がないからだしを取るのです。

調理法も昔とは変わりました。かつて煮魚は、「煮汁が煮立ったところに魚を入れる」「しょうがで臭みをとる」というのが常識でした。砂糖を加えて甘みと旨みを補うことも必要でした。しかしいまは朝九州で獲れた魚が午後2時に東京に着く時代。新鮮な魚なら、水に醤油を少し入れて一緒に火にかけ、沸騰したら火を止めるだけで十分に美味しくできます。

料理の常識や伝統は、時代とともに変わっていくものです。「食のバランス」も「和食が簡単」ということも、実際に作ってみると、よくわかると思います。

和食の五法

揚げる

焼く

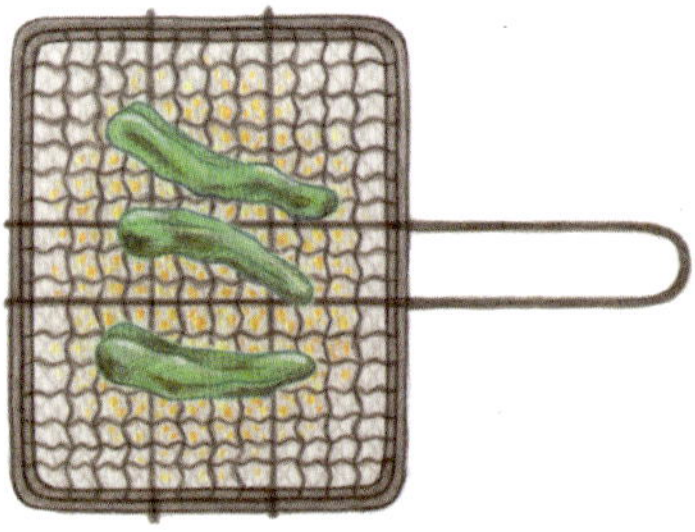

蒸す

煮る

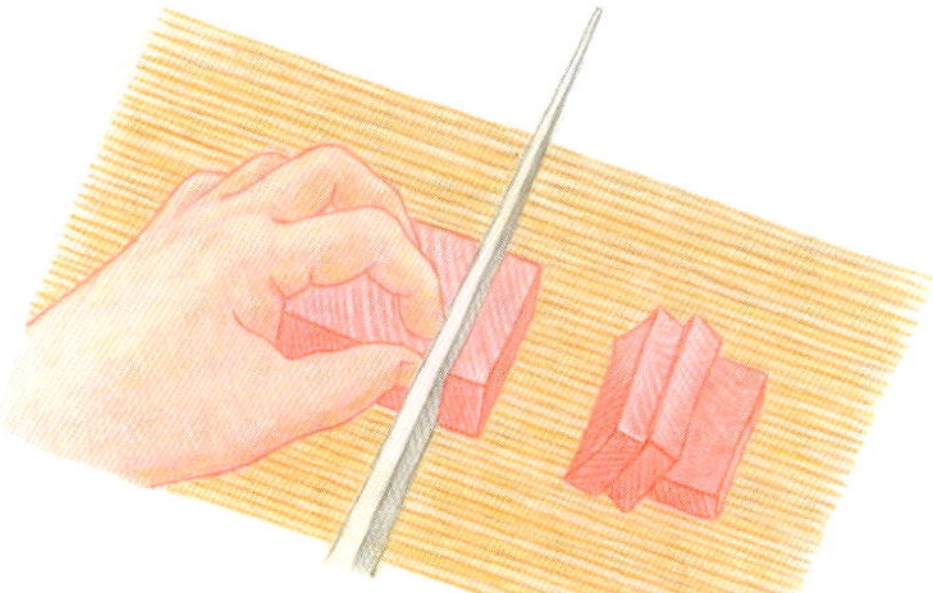

生〈切る〉

和を豊かに彩る花鳥風月と言葉遊びの妙

陰陽五行と同じく、和食が大事にしているのは、「花鳥風月」です。つまり自然を愛でて、季節感を食卓に取り入れ楽しむことです。

旬や走りのものを使うのはもちろんのこと、豆腐や野菜を、春なら桜、秋なら紅葉の形に抜いたり、草木や花をあしらったりします。陶器、磁器、漆器、竹、木、葉っぱ、ガラス、金属と、季節や「場」にふさわしく器の素材を変えたりもします。1年に一度しか使わない器もあるでしょうし、干支の入ったものなど12年に一度しかお目見えしないものもあります。

味付けも季節によって変えます。煮物なら冬はこってり、夏はあっさり薄味に、味噌も白味噌は冬、八丁味噌は夏の料理に。そのほうが身体にも合い、美味しく感じるからです。こうして移ろう四季を五感で味わうのが和食の文化なのです。

そして日本の年中行事とも密接に関わっています。「二十四節気七十二候」とは、立春から始まる1年を、24の節気で分け、さらに3等分して72候としたものですが、それぞれの時期に日本古来の行事があり、「行事食」とともに受け継がれています。太陰暦（旧暦）の時代につくられたため、現代とは少し時期がずれて齟齬《そご》が生じることもありますが、昔の人が食べ物に祈りや感謝の気持ちを込め、ときに体調を整える意味合いも込め、家族や土地の人々と喜びを分かち合っていたことがうかがえます。

正月のおせち料理や七草がゆ、お雛様のちらし寿司、端午の節句の柏餅やちまき、十五夜の月見団子、冬至のかぼちゃや小豆、大晦日の年越しそば……。みなさんの家でも恒例となっているものがあるのではないでしょうか。

物質的にはけして豊かではない時代にあっても、暮らしを楽しむ知恵を先人たちはたくさん持っていたようです。たとえばお正月といえばおせち料理ですね。そもそもは、季節の変わり目の「お節」＝節句（節供）という区切りに神様へお供えする料理を指しましたが、いつしか1年でもっとも重要な節句であるお正月の料理を呼ぶようになりました。本来のおせち料理は、現在デパートで売られている重箱のように豪華ではなく、なます、黒豆、ごまめ、煮しめ、数の子、焼き物くらいのものでした。しかし、なますは大根とにんじんというごく普通のものを、目の前にある食に感謝するよう紅白にしています。昆布は「よろこぶ」にか

おせち料理

稲作を守る年神様を迎え、供えた供物をいただくのが本来の成り立ち。

重箱／鎌田克慈作

赤飯

南天の葉を添えるのは、「難を転じて福を招く」という語呂合わせから。

けて、数の子は「子孫繁栄」、れんこんは「先が見通せるように」、黒豆は「シワがよるまでマメに働けるように」、海老は「腰が曲がるまで長寿に」などと、喜びとポジティブな気持ちを込めました。鏡餅には本来、橙《だいだい》とゆずり葉をあしらいますが、これは「代々、譲る」と家督相続を表しています。

このように和食の世界ではプラス思考で捉えてマイナスの言葉は使いませんから、たとえばイメージのよくない「スル」は避けて、スルメは、「あたりめ」、すり鉢は、「あたり鉢」と言います。結納などでスルメを使う際は、「寿留女」と書いて縁起を担ぎます。お正月を飾る花も縁起を担いで「千両」です。赤飯に南天の葉をあしらうのも「難を転ずる」の意味が込められています。

奇数が縁起がよいとしながら、「八」は末広がりでよしとするなど、なんでも自分たちにとって、よいほうによいほうに考えて喜びを見出すのは、日本が島国ゆえ、コミュニケーションをうまくとり、和を尊び仲良く暮らすのが生きる術だったからかもしれません。

言葉で旬をつくる

それと同時に、ときに駄洒落とも思える楽しい言葉遊びが生まれたのは、繊細な表現力を持つ日本語があってこそ。本来、初夏の初がつおよりも、脂ののった秋の戻りがつおが美味しいとされますが、「目には青葉　山ほととぎす　初がつお」の俳句に見られるように、「目には青葉」と季語がつくと初夏がかつおの旬になる。そういう力が日本語にはあるのです。

「おから」のことを卯の花といいますね。卯月（4月）は卯木《うつぎ》の白い花が咲く季節で、その花と似ているからこう呼ばれるようになったのでしょうが、この呼び方をしてよいのは春から夏まで。冬には「雪花菜《きらず》」と呼びます。おからを真っ白な雪のイメージに例えたわけですね。包丁で切らなくてもよいから「切らず」とも言われますが、調べたところ、滋味豊かな少し刺激のある食べ物の意味がある「吉喇豆《きらず》」という文字も出てきました。

また春のお彼岸は牡丹の花が咲く頃だから「ぼた餅」、秋のお彼岸は萩が咲くから「おはぎ」と呼びますが、さらに夏には「夜船」、冬は「北窓」と呼び名が変わります。船は夜にはゆっくりと走り、いつ岸に着いたかわからない。「着いた」と「（餅を）搗《つ》いた」を掛けているのです。夏は半搗きにして、いつ搗いたかわからないくらいの搗き具合にしなさいという意味です。北窓は、冬の北窓には月が見えない＝搗きがないという意味から生まれた言葉です。

ひとつの食べ物にこれほどの言葉を駆使して季節を表現するなど、洒落っ気があって実に風流だと思いませんか。和食とは、単に食べる行為のみならず、日本の文化や文学に裏打ちされた「食文化」であることがよくわかりますね。

美しい作法でいただきましょう

和食のよさを実感するには、作って食べることが一番です。お伝えした通り、旬の素材を陰陽五行と花鳥風月に基づいて、シンプルな味付けと手間で楽しみながら料理する。日々続ければ、美味しさの根源はそこにあるとわかるでしょう。

それに加えて、大人の女性であれば、所作を意識するとよいと思います。

日本には、鎌倉時代の道元禅師によってマナーが整えられたとされる箸の文化があります。箸の上げ下げ、器の扱い方など、どうか美しい作法を心がけてください。さらに和食はゆっくりと噛む文化。脂肪が多く柔らかい食べ物を飲み込む西洋料理の文化とは違います。あごを引いてよく噛むと、唾液が出て消化を促し、免疫力を高めます。またコップや盃を仰ぐときはもう片方の手を添えて。喉元を見せないのが美しい振る舞いだからです。いただくときも頭を左右に振らないほうが上品です。

そして和食の歴史や伝統から生まれた美しい日本語を遊び、食べ物に感謝をして喜んでいただきましょう。

第二章

和食の歩みをひもとくと

The History of WASHOKU

The dietary culture imported from the Asian mainland evolved independently in tune with the Japanese climate and produced a diverse range of local cuisines. Unraveling the history of how this occurred will help us to see those features that give Japanese cuisine its distinctive qualities.

大陸から伝わった食文化は、日本の風土に合わせ独自の進化を遂げ、さらに多様な郷土料理を生み出しました。その歴史をひもとけば、「和食らしさ」とは何かも見えてきます。

素材を生かすとはどういうことでしょう？

文＝奥村彪生（伝承料理研究家）

和食を含む広い意味での日本食の特徴のひとつとしてよく言われるのが、「素材を生かす」ということ。素材を生かすとは、海山の幸の旬を大切にすること、そして食材そのものの味を重要視するという考え方です。

室町時代の『七一番職人歌合』より。魚や鳥を調理する「はうちやうし（庖丁師）」と野菜のおかずを作る料理人「てうさい（調菜）」。

その原点は縄文時代にまでさかのぼることができます。

縄文時代の調理文化は、生食《せいしょく》、焼く、煮るの三つです。まず、鮮度のよい魚介や獣肉（この頃はまだ肉食をしていました）を生のまま切って食べる。鮮度が劣化して生食できなくなると、焼いて海水や塩をつけたり、土器に水を入れて山菜やきのこと一緒に煮て食べました。旬の魚介や獣肉はよく太り、脂肪ものっておいしい。水煮にするとその汁に旨みが溶け出たはずで、つまり縄文の人たちは、すでに素材の旨みというものを認識していたと考えられます。

ちなみにこの頃はまだ食材に味付けする技術はありませんでした。まず飛鳥・奈良時代（1400～1300年前）に、中国の鯉や鱸《すずき》の膾《なます》（生魚のこと）の食べ方にならって、酢をベースにしたソースに薬味を加えて、食べるときに自分で味付けして食べるスタイルになります。だしや味噌、醤油などで直接食材に味付けをして調理する方法が広まるのは室町時代です。

素材を生かすため、もうひとつ日本人が古くから行ってきたこと、それは、「アク抜き」です。当時の常食糧だったドングリの一種、トチの実には人体に悪影響を与えるアクがありますが、縄文の人たちは木の灰を使ったアク抜きを発明しています。それは土器に木の灰と水を入れて沸かし、鬼殻（外側の固い殻）を剥いて入れ、ゆでて水でさらすという方法でした。その技術はワラビのアク抜きなど、現代にも受け継がれています。

潔《きよ》らかでおいしい日本の水

今から約2400年前の弥生時代初期（縄文時代晩期）に、中国の揚子江中下流域の少数民族によって、水田稲作の技術が北九州に伝わりました。その稲の品種は現在、「温帯ジャポニカ」と呼ばれる、粘りが強く旨みがあり、冷めてもおいしい米でした。杵《きね》と臼《うす》で搗《つ》いて籾《もみ》と糠《ぬか》を取り除き、水を加えて炊いた粥は、奈良時代に飯になり、トチの実に代わって日本人の常食の座につきます。その結果、米飯（粥も含む）を中心に、海山の幸と畑作物を使ったおかずを組む、日本型食生活の幕が開けたのです。

やがて平安末期から鎌倉時代に中国から精進料理の技術が伝来し、だしや味噌、醤油で食材に直接味付けする「調菜」の技術が使われるようになります。また、そうめんや冷やむぎ、豆腐、こんにゃく、麩などの製法も伝わりました。

このように、和食は中国から多くの技術や製法を伝授されていますが、それらはすべてその後、日本で改創されてオリジナル化を果たしています。その源になったのは日本の風土が生み出した水と麹カビ（アスペルギルス・オリゼ）です。たとえば中国の豆腐は水分が少なく固めですが、日本ではそのほとんどが水分ででてきていて、水に浮かべて売られています。こんにゃくや麩もたっぷりの水で練って作られますし、そうめんや冷やむぎは水にひたして食べています。また日本特有の麹カビは、中国から伝わった味噌や醤油、酢、酒などの発酵食品に、日本独自の風味を与えています。

日本の水の特徴とは何でしょうか。水は、海水が蒸発して天に昇り、冷やされて雲になり、雨や雪、ひょう、あられとなり、地上に降り浸みこみます。その水を潔《きよ》らかにしているのは日本の国土の70％をしめる森林です。長い年月を経て湧水となり、私たちのもとに届きます。その水は総じて軟水でおいしく安全です。日本の食材、料理は、その潔らかな水によるものが多いことがわかります。そして、その究極が刺身。水で洗い清めた魚を庖丁で美しく切り、生のまま器に美しく盛る料理は、日本独特のものです。日本では古代から「庖丁」技術が、料理において重要な技として評価されてきました。水がきれいだからこそ、洗って切るだけで料理として成立したのです。その庖丁の技術、いわゆる刺身文化と調菜の文化が合体して室町時代に京都で確立したのが、現在に通ずる日本料理です。

すしも元々は中国や東南アジアから、飯に塩魚を漬けた発酵食品（なれずし）として伝わり、江戸後期に、酢飯に刺身をのせる「握りずし」にオリジナル化しています。握りずしは、潔《きよ》らかな水によって生まれた米と酢と刺身によるスーパー・ピュア・フードと言えるでしょう。いま世界中で人気なのは、「素材を生かす」という和食の根本が受け入れられている証なのかもしれません。

和食まるっと年表

和食は室町時代に基本形が完成し、江戸時代後期には今日に伝わる調理法や料理文化がほぼ出揃いました。江戸時代までの和食の歩みを年表で辿ってみましょう。（編集部作成）

縄文時代後期		稲作が広まる（6世紀頃に米食が日本の食文化の核となる）
飛鳥時代	天武四年（675）	天武天皇「肉食禁止令」発布。牛・馬・犬・猿・鶏限定で、鹿や野鳥の食用はさかん
奈良時代		箸の利用が一般化
平安時代	延長五年（927）	法令集『延喜式』完成。塩、醤《ひしお》、味噌、酢、酒、蘇《そ》（乳製品）などの記述あり
	永久四年（1116）	藤原忠通が大饗《だいきょう》を開催 【大饗】中国の影響を受けた平安貴族の儀式用料理。野菜や魚は生、蒸す、焼くなどしただけで、各自が塩、酢、酒、醤で調味して食べました。飯を高く盛りつけ、箸のほかにスプーンも使い、テーブルと椅子で食べるのも特徴です。
鎌倉時代	建保二年（1214）	宋から帰国した留学僧・栄西が茶を持ち帰り、喫茶習慣が広がる
	嘉禎三年（1237）	道元『典座教訓』著す。禅寺で精進料理が発展

室町時代

『酒飯論』より精進料理の台所風景。すり鉢で何かをすっています。まな板に豆腐があるので白和えを作るのかもしれません。

この頃、武家の本膳料理が成立

【精進料理】動物の殺生を戒める仏教の影響から禅寺で生まれた野菜中心の料理。旨みに乏しい野菜を美味しく味わうために「煮る・和える」調理が加わります。とくに、すり鉢・すりこぎの導入による和え物は和食ならではの調理法。和え衣もごまや味噌、豆腐など多様化していきます。

【本膳料理】平安貴族の大饗料理をモデルに、武士の間で形成した儀式用料理。銘々膳をいくつも並べ（膳にのせる菜＝おかずは奇数）、配膳や食べ方に事細かな作法があり、江戸時代に確立しました。日本料理で一番フォーマルなスタイルで、それを簡素化したのが現在の会席料理です。

『酒飯論』より本膳料理のようす。上座の武士の前に本膳（飯、汁、五つの菜）、二の膳（三つの菜）、三の膳（二つの菜）が置かれています。

室町時代　宝徳二年（1450）

この頃、庶民の間にもすり鉢・すりこぎが普及し、味噌汁が一般化

【味噌汁】それまで野菜や豆腐に塗ったりそのまま食していた味噌を、すり鉢ですりつぶして湯に溶かして味噌汁にしたのは、精進料理を作った禅寺の僧侶たち。それが庶民にも広がり、各家庭での味噌作りも盛んに。ごはんと味噌汁という和食の基本が確立します。

戦国時代　永禄十二年（1569）

宣教師フロイス、織田信長に金平糖を献上

この頃、カステラなど南蛮菓子が伝わり、砂糖の大量輸入始まる

さつまいも、ほうれん草、春菊、にんじん、唐辛子など伝わる

桃山時代　天正十八年（1590）

千利休が茶会で豊臣秀吉に懐石料理を出す

【懐石料理】千利休が完成させた茶の湯の席で出される食事として、精進料理や本膳料理の影響を受けて発展。見た目は質素でも、吟味した季節の食材を味よく調理し、温かいものは温かく、一番おいしい時に供するのが特徴。懐石という呼び名は「温かい石を懐に抱いて空腹をしのぐ」という禅の言葉から、後世に付けられました。

江戸時代

寛永二十年（１６４３）　初めての出版料理書『料理物語』刊行

寛文元年（１６６１）　明の僧・隠元が京都宇治に黄檗山《おうばくさん》萬福寺創建。普茶《ふちゃ》料理を伝える
この頃、唯一の中国貿易が許された長崎で卓袱《しっぽく》料理が生まれる

【普茶料理・卓袱料理】普茶料理とは中国料理の精進版のこと。卓袱料理は長崎に伝わった中国料理やオランダ料理をもとに日本風にアレンジされた宴会料理のこと。どちらも銘々膳ではなくテーブルの上に大皿料理をのせ、取り分けるのが特徴です。

寛文五年（１６６５）　幕府、初物野菜などの販売時期を制限

初物好きの江戸っ子の象徴が初鰹。江戸後期には幕府が定めた解禁日前にこっそり闇値で買う人もいたほど。三代目歌川豊国『十二月の内卯月初時鳥』より。

延宝二年（１６７４）　土佐でかつお節の燻乾はじまる

元禄十年（１６９７）　『本朝食鑑』刊行。国産の食物４４２種を解説

元禄十二年（１６９９）　高津伊兵衛が江戸日本橋にかつお節専門店にんべんを開く

享保十二年（１７２７）　徳川吉宗が砂糖生産を奨励（１８００年代に国産が主流になる）

享保十七年（１７３２）　享保の飢饉

寛延元年（１７４８）　料理書『歌仙の組糸』に天ぷらの作り方が掲載される

江戸時代

天明二年（1782）
『豆腐百珍』刊行

【豆腐百珍】豆腐料理100種類のレシピを集めた料理書で、大根や卵、芋などの類似書（百珍もの）も流行しました。江戸時代はこうしたレシピ本のほか、栄養学、食材図鑑、農作物の栽培法、飲食店ガイドなど、食に関する本が多数出版されました。

天明五年（1785）
卵料理集『万宝料理秘密箱』刊行。この頃、甘い酒から発展したみりんが調味料として普及し始める

文化元年（1804）
中埜《なかの》勘次郎が尾張知多半島で酒粕を使った粕酢醸造に成功

文化文政期、千葉の銚子や野田で濃口醤油が完成する

文化七年（1810）
この頃、江戸の食べ物屋が繁盛。一膳飯屋、居酒屋、うどん・そば屋、蒲焼屋、すし屋、料亭など

高輪から品川の海岸には月見客を目当てに多くの屋台が並びました。そば、天ぷら、いか焼き、すしなどが見えます。歌川広重『東都名所 高輪廿六夜待遊興之図』より。

八百善は会席料理や卓袱料理などで有名な料亭。『江都名物当時流行双六』(江戸後期)より。

文政三年(1820) この頃、握りずしが作られる

【握りずし】すしのルーツは中国南部や東南アジアで生まれた、魚・塩・米で乳酸発酵させたなれずし。日本でも琵琶湖のふなずしのように魚が主体の料理でしたが、時間のかかる乳酸発酵のかわりに酢を使うことで独自の進化を遂げます(押しずしなど)。酢飯に江戸前(いまの東京湾)の魚の刺身をのせる握りずしは、安価な粕酢の普及により生まれました。

文政五年(1822) この頃、会席料理が流行

【会席料理】懐石料理を茶の湯から切り離した、お酒を楽しむための料理。一汁三菜を基本に、前菜に始まり、刺身、焼き物、煮物などが出され、最後は汁と飯で締める流れ。季節の素材を使った自由な献立で、盛り付けや器に凝り、できたてを一品ずつ配膳します。

天保三年(1832) 鯨の調理法を解説した『鯨肉調味方』成立

天保七年(1836) 64種の漬け物の製法を記した『四季漬物塩嘉言《しおかげん》』刊行

安政五年(1858) この頃、江戸で佃煮が売り出される

文久三年(1863) 長崎に日本初の西洋料理店・良林亭《りょうりんてい》開業

慶応三年(1867) 大政奉還。翌年、横浜に牛鍋屋開業

風土が育んだ食の基盤

味噌

原型は、大豆を塩漬けにして発酵させた穀醤《こくびしお》という食品で、中国から朝鮮半島経由で約1300年前に伝わりました。米味噌、麦味噌、豆味噌といった違いは、大豆を発酵させる麹の違いによるもの。全国の8割を占めるのが米麹を使った米味噌で、麦作地域で作られたのが麦味噌、そして蒸した大豆の塊にカビ付けした味噌玉（豆麹）を使って発酵させるのが、東海地方独特の豆味噌です。室町時代に広まった味噌汁は、和食の基本である一汁一菜（三菜）を生みました。旨みの強い味噌は淡泊なご飯とよく合い、必須アミノ酸を補いあう、栄養面でも合理的な組み合わせです。

だし

甘味、塩味、酸味、苦味に加えて、20世紀に日本で発見された「うま味」は、昆布に含まれるグルタミン酸やかつお節のイノシン酸などから生じる味を指します。日本のだしは、中国や西洋の鶏ガラや牛骨を使ったブイヨンやフォンドボーと違って油脂成分をほとんど含まないのが特徴ですが、この旨みによって素材の味を引き立てる調理法が発達しました。東西で主流のだし素材が違うのは、江戸時代、北海道産の昆布は関西へ、土佐や伊豆のかつお節は江戸へ多く運ばれたため。また、関西は昆布だしが出やすい軟水なのに対し、関東の水は硬めだったため、かつおだしが好まれたといわれます。

醤油

味噌と同じく穀醤《こくびしお》がルーツ。酒造技術を取り入れることで、室町時代の関西で、泥状の「溜り醤油」から液体の「澄み醤油」になっていったようです。江戸では関西から運ばれた「下《くだ》り醤油」が長く主流でしたが、1800年頃に甘く濃い味を好む江戸っ子に合わせて千葉県の銚子や野田で濃口《こいくち》醤油が誕生。これによって完成したのが天ぷらやうなぎの蒲焼き、佃煮、握りずしなど、今の和食につながる江戸前料理です。日本の醤油の魅力は、複雑な発酵工程を経て300種以上の香気成分からなる芳しい香り。現在、ソイ・ソースとして世界100カ国以上で販売されています。

郷土料理の豊かな世界

文＝奥村彪生

日本列島は地形の変化に富み、北は亜寒帯、南は亜熱帯まで気候の差も大きく、寒流と暖流それぞれ2つの海流に囲まれています。そのため地域によって気候風土が異なり、土地ごとに獲（穫・採）れる産物もそれぞれ異なります。日本で獲れる地着の魚や回遊魚の種類は世界一。また、栽培する野菜の多くは外来種ですが、その種類もこれまた世界一です。現在は温室栽培や抑制栽培、ならびに同じ野菜を各県で栽培時期をずらしたりしているので旬が失われつつありますが、昔は地場野菜が中心だったため、たとえば大根などは形や味にその土地その土地固有の味わいがありました。それらをそこに暮らす人達の嗜好で調理・調味＝土産土法＝すれば、おのずとその土地ならではの料理に仕上がる……これが郷土料理なのです。

郷土料理の違いは、さながら方言のごとく。基本の調味料ひとつとっても地域によってさまざま。たとえば味噌は以下の通り。

①米を主原料とする味噌＝北海道、本州全域、四国の一部
②甘味噌（白味噌）＝京都、広島県府中、香川。東京にも江戸白味噌がある

③辛味噌＝北海道、東北、北陸、信州など。年を経るにともない赤茶色になる
④麦味噌＝和歌山、四国南部、九州など稲作に不適な地域。甘味が強い
⑤大豆味噌＝大豆のみで作る。愛知県名古屋を中心に岐阜、三重

続いて醤油を眺めてみれば、

①濃口醤油＝関東を中心にほぼ全国的に使われる
②薄口醤油＝塩味が濃く、色が薄い。京都を中心とした関西
③甘露醤油＝どろっとして甘い。西中国や九州
④溜《たまり》醤油＝色は黒く、旨みが強い。大豆味噌同様に名古屋が中心。またこの地域には色がついていない白醤油もある

日本の郷土料理はほぼ、徳川260年間の鎖国時代の後期に完成したものです。米飯が常食だったのは都市部などごく一部。田舎では米を少し入れた雑穀飯。山間部はそば（そばの実の雑炊やそばがき。いわゆるそば切はハレの日の食べもの）、水田稲作が不適な平地は小麦粉のほうとうやおきりこみ、味噌煮込、うどんやおやきが常食でした。江戸中期以降、米飯や雑穀類を食べる地域の普段のおかずは野菜、乾物、大豆などを中心にした具たっぷりの味噌汁と煮物や和え物の一汁一菜が基本で、魚は時々。その多くは塩干物でした。大都市で一般的な豆腐も田舎

長なすのずんだ和え
（宮城）
すりつぶした枝豆（ずんだ）で仙台長なすを和えた夏の定番。お餅を絡めたずんだ餅も有名です。

鮒味噌
（愛知・岐阜・三重）
東海三県の揖斐川・長良川・木曽川下流域で作られる川魚料理。白焼きした鮒を大豆と八丁味噌等で甘辛く煮付けた冬の保存食。

皿鉢料理
（高知）
鯖の姿すし、にんじんの白和え、高野豆腐、いもと豆のきんとん、蒸し羊羹など盛りつけたハレの日のいごっそ（ご馳走）。

冷や汁（宮崎）

すり鉢で焼き鯵やごま、味噌をすり、冷たいだし汁でのばして豆腐やきゅうりを加えてご飯やうどんにかけていただきます。

ではハレの日のもの。田舎のハレの日には一汁三菜のご馳走膳に、刺身が並ぶ土地もありました。

私は日本にはどのような郷土料理があるかを探るべく、長年全国を食べ歩き、その結果を9つに分類しました。同じ県でも地域によって産物・嗜好が違うので一様には言えませんが、味の好み、代表的な料理を挙げてみましょう。

①北海道＝明治以後に移住した人が多い。雪深く冬が長い。札幌を中心にしてやや甘辛。酪農が盛んなためジンギスカン鍋やじゃがいものバター焼などが有名。アイヌの人達のルイペもある

②東北＝北海道同様に雪深く冬が長い。塩《しょ》っぱい味を好むのは、冬の食糧不足を補い、塩分が体を温める漬物が発達したため。青森のジャッパ汁、岩手のひっつみ、山形や宮城のずんだ和え、会津の鰊山椒漬《にしんさんしょう》

③関東＝東京を中心に甘辛。甘味が美味と好まれる。千葉のなめろう、埼玉の葱のぬた、東京の小松菜のおひたし、神奈川の鯵のたたき

④東海＝名古屋を中心とする岐阜や三重は大豆味噌や溜醤油を多用するために色調は黒い。しかし味は甘く塩からさは控えめ。鶏の腹子となすの煮物、鮒味噌、朴葉《ほおば》味噌

⑤信越・北陸＝関東と京阪の中間型。鯉うま煮、のっぺい、鰊煮豆

⑥京阪＝京都は伝統的に始末家が多く、塩気の立つ薄口醤油を使うために、めりはり

の効いた上品な味で淡い色。夏は蒸し暑さをしのぐため酢の物をよく食べる。大阪は東京と京都の中間でまったりとした味。鯛かぶら、鯨と水菜のハリハリ、鰊なす、棒だらと里芋の煮物、鱧《はも》の皮ときゅうりの酢の物

⑦四国＝やや甘型。「いごっそ」と呼ばれるハレの日の豪快な土佐の皿鉢《さわち》料理が有名

⑧中国・九州＝甘露醤油を使うために甘い。茎わかめ炒め、冷や汁、ままかり酢漬、がめ煮（筑前煮）

⑨沖縄・南西諸島＝亜熱帯かつ中国南部や東南アジアの影響を受けているために油脂の利用が多い。豚を血の一滴も余すことなく食べ尽くす文化が発達した。料理はチャンプルーで代表され、細昆布と干椎茸の消費量は日本で一番。昆布《クーブ》イリチー、マンゴーの未熟果の和え物

このように日本列島には、郷土の顔としての料理は数えきれないほど多くありますが、一方、どこの地域でも作られていた何気ないおかずにも、中身や味付けに違いが見つけられるのも興味深いことです。最後に、白和えの列島図をご紹介しましょう。この郷土の味の豊かさが、和食を支えてきました。

全国白和えマップ（奥村彪生作成）

和え物の代表である豆腐の白和えは、土地によって具がいろいろ。

第三章

和食を作ってみましょう

Let's make WASHOKU!

指導・料理＝野﨑洋光（分とく山総料理長）

Now that you know a variety of things about Japanese Food, the next step is to try making some, right? The recipes presented here include numerous home cooking classics you will want to remember. Give each of them a try, and make them your own.

和食のことをいろいろ知ったら、今度は実際に和食を作ってみませんか？　紹介するレシピは、覚えておきたい家庭料理の数々。一つひとつ挑戦して、ぜひ自分のものにしてください。

きちんと

だしをひく

「だし」は主役ではありません

「だし」とは素材の旨みのこと。和食で最も使われるのは昆布（グルタミン酸）とかつお節（イノシン酸）の組み合わせです。その理由は、二者が混じり合うと相乗効果で旨みが増し、バランスもよいので多くの素材に合い、それぞれの持ち味を引き立てるから。素材が本来持っている味わいをだしが補い、料理になった時に１００％の旨みになるため美味しくなる。「素材の味を引き立てる」のに、だし自体が濃ければ素材の味が消えてしまうのです。

短時間の適温で抽出される旨み成分、次に紹介する方法なら大した手間も時間も要しません。ただし、質のよい天然ものを選ぶこと。昆布は利尻や真昆布など肉厚のものを、かつお節は削りたてがベストですが市販のもので十分。旨みを多く含むので少量で済み、だし殻も再利用できるので、実は経済的なのです。

だしの手ほどき

材料／作りやすい分量
湯……1ℓ
昆布……5g
削りがつお……10g

1 材料をボウルに入れる

ポットの湯をボウルなど耐熱性のある器に入れ、昆布と削りがつおを加える。
＊ポットの湯を移すことによって抽出の適温になるのです。

2 抽出する

1分ほどおき、旨み成分を抽出する。

3 漉《こ》す

ペーパータオルをしいたざるで2を漉す（以上、一番だし）。
＊だし殻を絞ると雑味が出てしまいます。

ここがポイント

旨みは75～80℃で抽出される

かつお節の旨みは沸騰した高温状態では臭みや苦みが、逆に低いと間の抜けた味になるので、適温かつ適切な時間で抽出しましょう。だしはその都度ひくのが望ましいけれど、冷ましてからガラスビンなど清潔な容器に入れて冷蔵すれば保存可能です。2～3日をめどに使い切って。

三番だしで作ったお浸し

だしは三番まで無駄なく

一番だしをひいた後も旨みが残っています。最後まで使いきりたいものです。

二番だし

一番だしをひいた後の昆布と削りがつおをボウルなどの器に入れ、500ccの湯（75～80℃／一番だしをひいた際の半分の湯量）を注いで5分ほど抽出させます。一番だし同様、漉して利用。味噌汁や煮物などに適しています。

三番だし

二番だしをひいた昆布（千切りにしておく）と削りがつおを適量のポン酢につけて抽出。ゆでた青菜を絡めればお浸しになります。だし殻も処分せず有効活用してください。

一番だしでお吸い物を作りましょう

だし本来の旨みを堪能するなら、シンプルなお吸い物に。かつおと昆布の旨みが効いています。

材料／2人前
A：だし……300cc
　薄口醤油……12cc
　酒……5cc
なめこ、豆腐、みょうが、大葉……各適宜

1 豆腐、みょうが、大葉は好みの大きさ・切り方にする

2 鍋にAを入れて、ひと煮立ちさせる。

3 2になめこ、豆腐、みょうがを加え、さっと火を通す。

4 器に盛り、大葉をのせる。

ちょっとひとひねり

麺つゆ

一番だしなら、本格的な麺つゆも簡単。いずれも材料を合わせ、ひと煮たちさせれば完成です。

うどんつゆ

材料／1人前
だし……300cc
薄口醤油……15cc
酒……10cc
＊だし1に対し、薄口醤油1／17～20に酒をプラス

そばつゆ

材料／1人前
だし……300cc
薄口醤油……20cc
みりん……10cc
＊だし1に対し、薄口醤油1／15にみりんをプラス

二番だしで味噌汁を作りましょう

味噌自体に旨みがあり、具からも旨みが出るので、二番だしが向いています。

材料／2人前
二番だし……300cc
味噌……20g
豆腐……1／2丁
戻しわかめ……30g
三つ葉・山椒……各適宜

1
豆腐は好みの大きさに切る。わかめはさっと洗って塩気をとり、三つ葉は熱湯に通し、それぞれ食べやすい長さに切る。

2
鍋に二番だしを入れて火にかける。

3
沸騰する手前で一の豆腐とわかめを入れ、鍋の中がふつふつ煮えてきたら、味噌を溶き入れる。
＊ぐらぐらと沸騰させると、味噌の香りが飛んでしまいます。

4
火を止め、汁碗に入れる。三つ葉をのせ、好みで山椒をふる。

ちょっとおすまし顔の料亭風に仕立てた味噌汁。大きめに切った豆腐とわかめは、それぞれ湯通しして汁碗に入れてから、味噌汁を注ぎます。最後に、三つ葉と山椒をトッピング。

味噌汁に季節の趣を添えて

時にはその時季ならではの具材を入れて、味噌汁にバリエーションをつけるのもおすすめ。

たけのこやなす、里いもなどは火にかける前から鍋に入れましょう。菜の花やみょうがは、あらかじめ火を通してから最後に加えると、色みがきれいに。木の芽や大葉などの薬味は食卓に出す直前にのせ、香りを立たせて。

春

菜の花・わかめ・たけのこ・木の芽など

秋

しめじ・しいたけ・すだちなど

夏

トマト・なす・みょうが・大葉など

冬

里いも・厚揚げ・柚子の皮など

ふっくら

米を炊く

米について知っていますか？

日本人にとってかけがえのない食材・米。その理解を深めるために炊飯器に頼らず、火力で米を炊くレッスンです。

米は水と合わせて加熱し、約20分かけて水分を減らすことでごはんになりますが、その前に下準備を。まずは米に付いたぬかをとる作業。精米技術がよくなかった昔は力を入れて研ぎましたが、今の米は「洗う」感覚で。米は乾物なので浸水させます。長時間だと米のでんぷん質が溶け出し、くずれやすくなるので気をつけて。さらに水切りをします。浸水・水切りは無洗米でも必要です。

炊飯に限らず、一般認識されているさまざまな料理法は、実は正しく伝わっていないことが多いもの。道具や器具など調理環境が昔と大きく異なるのに、同じ料理法で本当によいのか？、なぜこの作業をするのか？　疑問を持つことをぜひ心がけてください。

土鍋ごはんの手ほどき

材料／作りやすい分量
米……2合
水……360cc

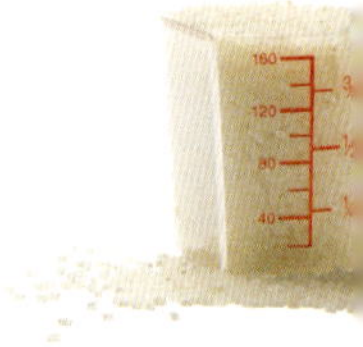

1 米を洗い、浸水させる

米をざっと洗い、最初の水を捨ててぬか臭さを除く。さらに4〜5回水を替えて洗い、たっぷりの水（分量外）に15分浸す。

＊季節にかかわらず、米の中心部まで浸水させるため、15分おいてください。浸水が不十分だと炊きあがりに芯が残ってしまいます。

2 水切りをする

米をざるにあげて15分おく。

＊余分な水分がとれ、表面についた水分が米粒全体に均一に行きわたります。

3 火にかける

土鍋に2の米と水を入れ、ふたをして強火で約7分加熱する。

4 途中、かき混ぜる

沸騰したら、ふたをあけて菜箸などで素早く鍋の中身をかき混ぜ、またふたをして、中火で約7分。さらに弱火で7分、ごく弱火にして5分炊く。

5 火を止めて蒸らす

火を止めて5分蒸らしてからふたをあけ、米粒をしゃもじでほぐして余分な水分を飛ばす。その後、水でぬらして固く絞ったふきんをかけておく。

ここがポイント

米は温度を保った約20分の加熱でごはんになる

米は水（米と同量）を合わせ、まずは一気に強火で加熱します。そこから、徐々に火力を弱めて。時間になったら火を止め、外に噴き出ていた蒸気を鍋の中全体に行き渡らせれば（＝蒸らす）、ごはんはふっくら。さらにくっついた米粒をほぐすと米に味わいが生まれ、空気の層を作ることで、光沢のあるつややかなごはんになるのです。

炊いたごはんで塩むすびを作りましょう

米粒と米粒をむすぶ握らない塩むすびは、口の中でほぐれていくやわらかさです。

1
お椀など器の内側を塩水（水100㏄と塩小さじ1）にくぐらす。
＊手もぬらしておきましょう。

2
水が付いた状態の1の器に炊いたごはん約80gを入れ、手で寄せるように、どら焼き状に形成。まん中は押さえないようにしつつ、側面を整える程度に軽くむすぶ。

3
ひっくり返し反対側も同様に形成。
＊ごはんの美味しさを最も引き立たせるために、米粒と米粒の間に空気が入るよう、ふんわりとゆるくむすびましょう。

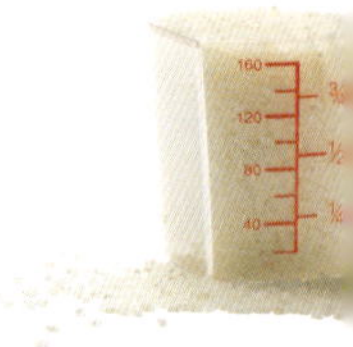

ちょっとひとひねり

きのこの炊き込みごはん

土鍋で上手に炊けたら、ぜひ具材入りの炊き込みごはんもトライ。具材は途中で入れて。

材料／2合分
A：水……300cc
　薄口醤油・酒……各30cc
　しめじ・まいたけ……各50g
しいたけ……2枚
三つ葉（軸を2cm長さにカット）
　……5本分

1　P60の要領で米を洗い、15分ずつ浸水・水切りをする。
2　しいたけは軸を除いて十字の四等分に切る。しめじとまいたけは石づきを除いて小房に分ける。
3　1の米を土鍋に入れて合わせたAを加え、P60の要領で強火で7分、沸騰したら中火にして7分かける。
4　ふたをあけ、水分がなくなり米肌が見えてきたら2を加え、さらに弱火で7分、ごく弱火にして5分炊く。
5　火を止めて5分蒸らしてからふたをあけ、三つ葉を加えてからしゃもじでほぐし、ぬれぶきんをかけておく。盛り付ける。

素材を切る

技ありっ

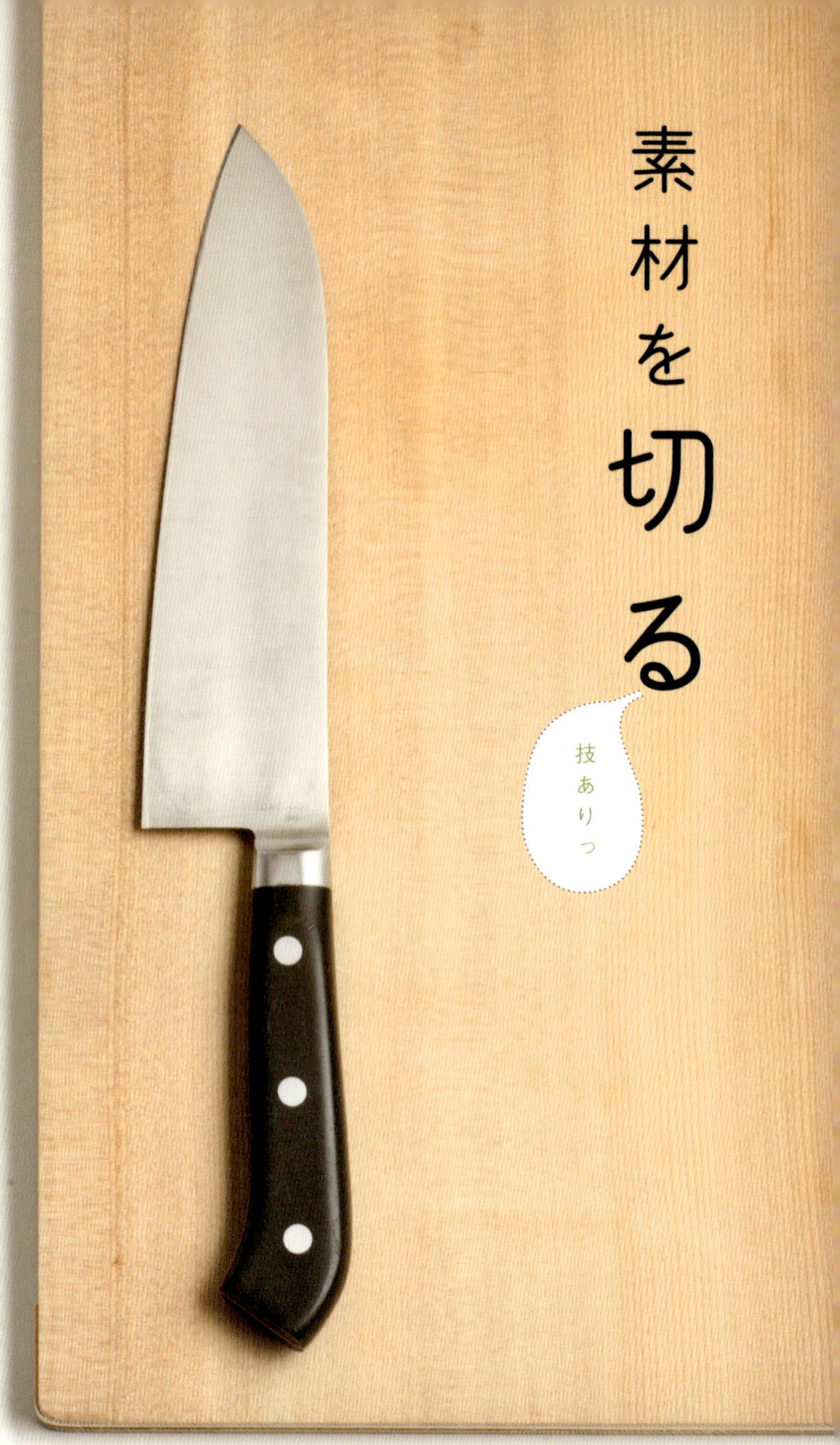

切りたてに勝るものなし

海に囲まれた日本は魚介を刺身で食すことも多いですが、鮮度を考えると、よく切れる包丁で切り立てを供するのがいちばん。お店の盛り済みパックもありますが、空気に触れる時間が長ければ、それだけ風味が損なわれます。〝刺身はさくで買い、よく切れる包丁で直前に切る〟を実践しましょう。

では、どうすれば上手に切れるか。料理の世界では刺身を切ることを〝引く〟といいます。なぜなら、押さずに引いて切るから。刺身には刃渡りが長く細い専用の刺身包丁があり、それが長いほど刺身に力が加わらず滑らかに切れるのです。家庭なら一般的な包丁でかまいません。また、魚によって適した切り方がそれぞれあり、◯◯造りと称します。〝切る〟という言葉は縁起が悪いので、そんな言い回しになったそう。代表的な切り方を覚えてくださいね。

刺身4種盛りの手ほどき

材料／2人分
まぐろ（さく）……100g
鯛（さく）……80g
いか（さく）……40g
たこ（足）……1本
A：（あしらい）
大根、大葉、菜の花、花穂じそ、ゆでたけのこ、ラディッシュ……お好みで適宜

まぐろの平造り

さくを端から厚さ1～2㎝に切る方法。まぐろは厚めに切る方が濃厚な味わいが堪能できます。

1 刃元から包丁を立てて入れる

厚さ1～1・5㎝くらいを目安に、刃元（持ち手側）から包丁を立てて入れる。
＊刃の根元から切り込むように。

2 手前に引く

1の状態から、そのまま包丁を手前へすーっと一気に引く。
＊一気に切り落とす感じで。繊維を断ち切るようにし、切った身を横にずらしてから、次へ。

包丁のココなんて言う？

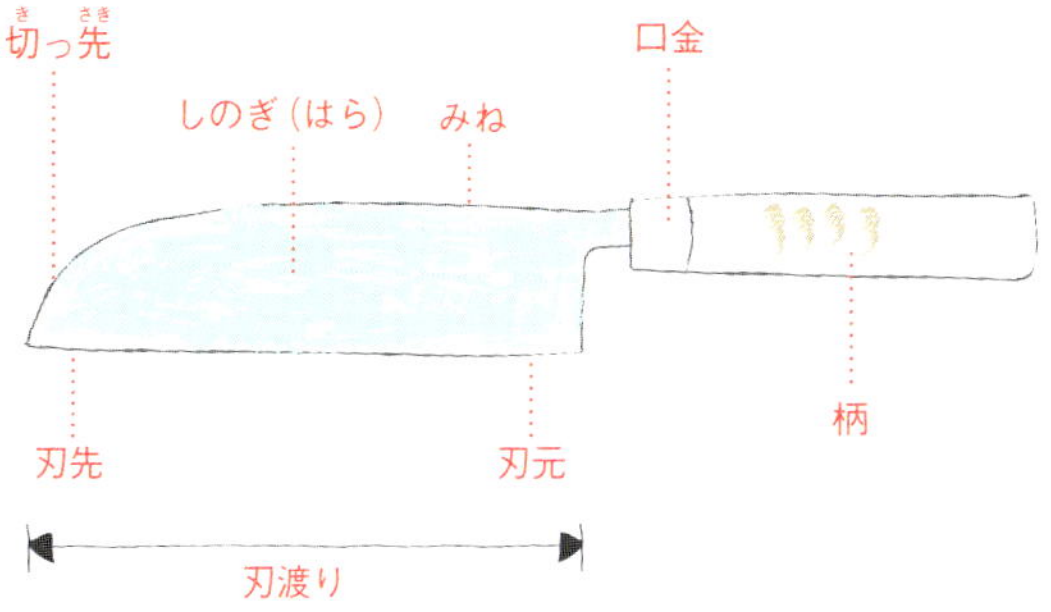

鯛のそぎ造り

包丁の刃を横に寝かせ、薄く斜めに切る方法。身の固い魚を食べやすく。

1 刃元から包丁を寝かせて入れる

頭を左にして厚さ3～4㎜くらいを目安に、指先で身を軽く押さえながら、刃元から包丁を寝かせて入れる。
＊薄く幅広く切るように。

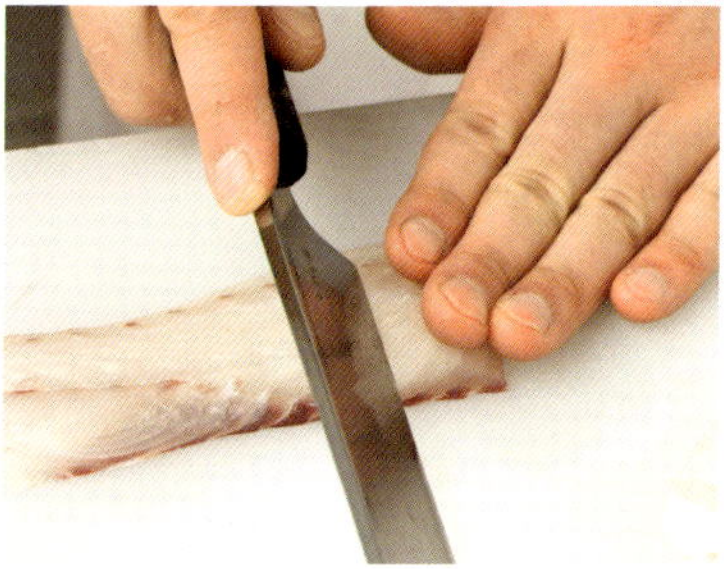

2 手前に引く

手前からそぐように引いて切る。
＊切った身を包丁の腹で脇にずらしてから、次へ。

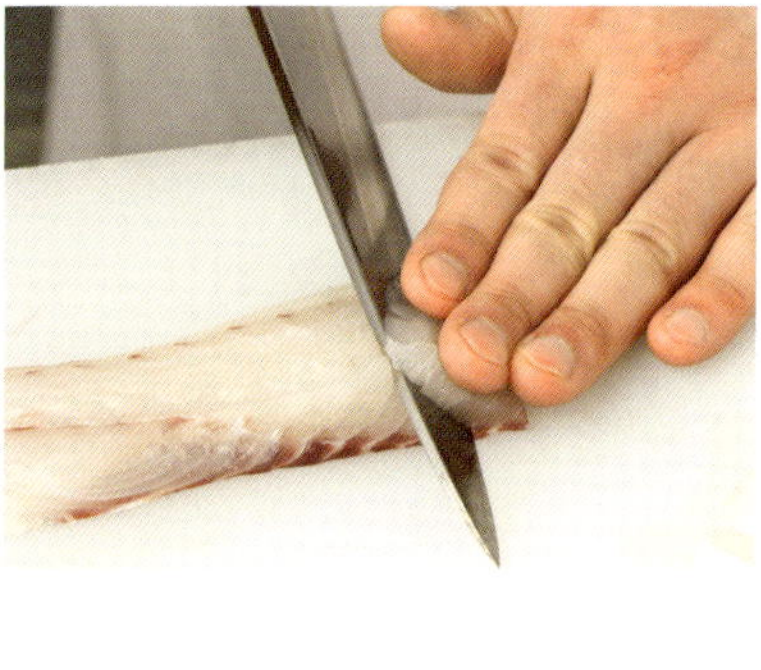

いかの飾り造り

別名・松笠切り。
まさに表面を松笠のように仕上げる切り方。

1 斜めに包丁を軽く入れる

1㎜間隔で包丁を軽く入れる
＊表面のみ切ります。切り落とさないように。

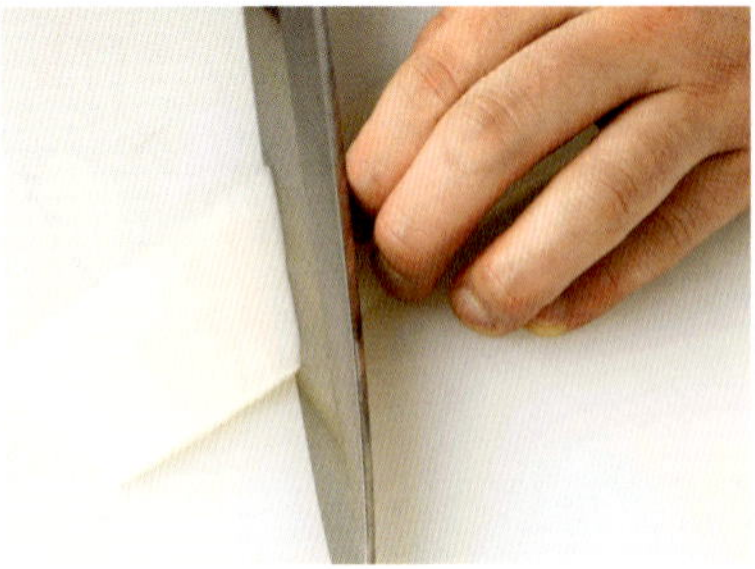

2 90度回転させて同様に切る

身の向きを90度回転させ、1の要領で同様に包丁を軽く入れて切る。
＊1の切り込みと交差させながら、格子状になるよう切り込んで。

たこの波造り

切り口を波のように切る方法。たこやあわびなど、身が固く弾力のある魚介に。さざ波造りとも言います。

小刻みに動かしながら切る

刃先から包丁を入れ、包丁を立てたり寝かしたりと、小刻みに動かしながら、そぐように切る。

刺身のあしらい

刺身には添え物である、あしらい（つま）がつきもの。本来、生魚の消化を助ける薬としての役割があったそう。さらに魚の生臭みを消し、口直しとしての働きや、季節感を表現する手段も担っています。

代表的なものに、大根やラディッシュ、きゅうりなど野菜を細かく千切りした〝けん〟があり、わかめなど海藻や乾物も用いられます。刺身との色みの相性や食感の異なるものをチョイスしてみて。季節性のあるもの・旬のものもを、上手に取り入れてみましょう。

刺身を盛り付ける

上手に切れたら、盛り付けにも気を配って。いくつかのポイントを押さえれば、ぐっと見栄えがして、箸がすすみます。

奥から手前へ

2種以上盛るには、奥から手前へ立体感を出しながら。奥を高く、手前は低くなだらかに。写真では、大根の千切りと大葉で山をつくり、まぐろの高さを出しています。

基本、奇数盛りに

写真では、まぐろ3切れ、鯛・たこ・いか各2と、合計9切れの奇数。奇数はバランスがとりやすいのです。

あしらいは右手前に

箸は右手で持つので、いただきやすいよう右手前に添えましょう。

皿の余白をとる

皿いっぱいには盛らず、余白を5割くらいとると、スッキリきれい。

ちょっとひとひねり

平目の薄造り

そぎ造りをさらに薄く切ります。透き通った感じがでるので、平目やかれいなど主に白身の魚に。

材料／2人分
平目（さく）……60g
A：（あしらい）
あさつき、花穂じそ、すだち、もみじおろし
……お好みで適宜

1　厚さ1～2㎜くらいを目安に、指先で身を軽く押さえながら、刃元から包丁を寝かせて入れる。
＊そぎ造りよりさらに包丁を寝かせましょう。
2　刃の全体を使って、手前から薄くそぐように切る。切った身をつまんで持ち上げ、そのまま丸皿へ盛る。
＊最初のひと切れは皿の中心奥へ。
3　ひと切れ切っては、皿を右に回転させせながら左回りに盛っていく。余白にあしらいを添える。
＊薄造りの刺身1種の場合は、丸皿に並べると、薄い切り身の美しさが映えます。

均一に

根菜を煮る

素材の旨みを引き出すには

筑前煮は、まず肉を油で炒めてから根菜を入れて、だしや醤油で煮るもの、という認識が多いようです。しかし肉と根菜はどちらが火の通りがはやいでしょうか？　肉と、海産物であるかつお節と昆布でひいただしとは、はたして相性がよいのでしょうか？

そして素材の旨みを引き出すために、ちょっとひと手間かけて。煮る前に根菜も肉もさっと湯通ししましょう。あくや雑みがとれ、肉の余分な脂身も抜けます。私たちがお風呂に入ってさっぱりするのと同じですね。さらに調味料の味が含ませやすくなる利点も。このプロセスによって、仕上がりが変わってくるのです。

下ごしらえが整ったら、調味料を最初から合わせて火にかけます。強火から中火にして短時間で煮上げるので、野菜の歯ごたえも程よく仕上がり、面取りしなくても煮くずれしません。

筑前煮の手ほどき

材料／2人分
鶏もも肉……100g
A：里いも……1個
　にんじん・ごぼう・
　たけのこ水煮……各1／4本
れんこん……5㎝（50g）
しいたけ……2枚
こんにゃく……1／4枚
絹さや……4枚
長ねぎ（青い部分）……1／2本分
B：水……200cc
　醤油・みりん……各25cc
　砂糖……大さじ1・5

1 材料を切る

鶏もも肉とたけのこ水煮は一口大に切る。里いもとにんじんは皮をむいて大きめの乱切りに、ごぼうは斜め薄切りに、れんこんは皮をむいて7㎜厚さの輪切りにする。しいたけは軸をとり、絹さやは筋をとってさっとゆでる。こんにゃくは一口大にちぎる。

2 下ゆでする

ざるに入れたAを沸騰した湯に入れ、1分くらいゆでて取り出す。続けて別のざるに入れた肉を同じ沸騰した湯に入れ、色が変わったらざるごと冷水に放す。粗熱がとれたら水からあげておく。

ここがポイント

同時にゴールに着くよう、スタート地点を変える

肉を加えるタイミングは根菜がおおかた煮えた頃に。肉は火が通りすぎるとパサついたり、固くなってしまいます。また、根菜も切り方・大きさを変えて、目指すは仲良く一緒のゴールイン。

煮汁は水8：醤油1：みりん1：砂糖0.5が基本。短時間で煮るので、調味料の「さしすせそ」の順番通りに入れる必要はありません。

3 火にかける

2でゆでたAとBを鍋に入れ、落としぶたをして強火にかける。沸騰したら中火にし、長ねぎを加え、10分程度煮る。

＊この時点で野菜は七分程火が通っています。＊長ねぎの青い部分から甘みが加わります。

4 肉を加えて、さらに煮る

長ねぎを取り出して肉を加え、さらに5分程度煮て火を止める。

5 盛り付ける

器に盛り、絹さやを添える。

ちょっとひとひねり

豚汁《とんじる》

料理が完成した時に、野菜も肉もちょうどよい仕上がりになるよう、今度は豚汁で一斉にゴールインをさせましょう。

材料／4人分
豚ばらスライス肉……100g
A：大根……2cm
　にんじん……1／4本
　ごぼう……10cm
　里いも……1個
　こんにゃく……1／4枚
長ねぎ……白い部分1／2本
　青い部分1本分
水……500cc
味噌……大さじ2

1　豚ばらスライス肉は3cm幅、大根・にんじん・里いも・こんにゃくは1・5cm角、ごぼうは5mm幅・長ねぎは1cm幅の小口に切る。
2　P74の要領で、A、肉の順番で下ゆで作業をする。
3　2で下ゆでしたAと水を鍋に入れて火にかける。煮立ったら長ねぎの青い部分を加え、あくをとりながら4～5分煮る。
4　鍋の野菜に七分火が通ったら、味噌大さじ1を溶き入れ、さらに肉を加えて煮る。
5　野菜がやわらかく煮えたら、長ねぎの青い部分を取り出し、残りの味噌を溶き入れる。さらに小口切りにした長ねぎを加え、ひと煮立ちさせて器に盛る。
＊お好みで七味唐辛子を添えても。

煮魚は煮ない

すぎ

〝霜ふり〟を覚えましょう

煮魚って作ったことありますか？　残念なことに敬遠されがちなのが現状。魚を下ろすのが面倒でしたら、切り身魚の活用を。生臭かったり、身が固くなるのは、魚を煮るから。煮魚なのに煮ないのかしら？と、不思議でしょうが、魚は長く煮るとまずくなります。魚は火が通るのがはやいからこそ、その最も美味しい瞬間を逃さないで。そうすれば本当に美味しい煮魚になるのです。

それには下ごしらえが重要。魚を買ってきたら、まずひと塩。塩の浸透圧で魚の余分な水分と生臭さのもとになる物質が出て、旨みが引き出されます。次に〝霜ふり〟を。P74の「筑前煮」で、肉や野菜の湯通し法を紹介しましたが、魚も同様。魚や肉を熱湯に通して冷水で洗うことを、料理の世界では「霜ふり」と言います。以上の下準備ができたら、短時間で仕上げていきますよ。

鯖《さば》のあっさり煮の 手ほどき

材料／2人分
鯖の切り身……2切れ
（1切れあたり約80g）
しいたけ……2枚
長ねぎ……1本
柚子……1／4個
A：水……300cc
　薄口醤油……20cc
　酒……20cc
（あっさり煮の煮汁の割合＝15：1：1）

1 魚に塩をする

鯖の皮目に切り目を入れてから、うすく塩（分量外）をして30分おく。
＊バットにあらかじめ塩をしておけば、魚をひっくり返さずにすみます。次の行程で霜ふりするので、余分な塩は落ちます。

切り身魚の調理の基本

選び方

透明感と弾力があるものが鮮度がよい証拠です。
白身魚（鯛など）
…皮がつややかなものを。
赤身魚（ぶりなど）
…血合いの色が鮮やかなものを。
青背魚（鯖など）
…皮の青色がきれいなものを。

保存

買ってきたら、そのまますぐに冷蔵庫へ入れましょう。ただし、ドリップがあったり、スポンジシートが汚れていたら、水洗いをしてペーパータオルで拭き、ラップをかけて冷蔵庫へ。または霜ふりをしてから冷蔵保存すれば、さらに鮮度が保てます。

2 霜ふりする

1の鯖を熱湯に入れ、霜ふりする。身が白っぽくなってきたら（ほんの数秒）引き上げ、氷水をはったボウルに入れる。
＊魚を熱湯にくぐらせると、生臭みやあくがとれます。
＊氷水にとるのは、魚の皮のゼラチン質が溶けだすのを防ぐため。

3 野菜を切る

しいたけは軸をとり、長ねぎは5cm長さに切る。
＊長ねぎの側面に4、5カ所包丁目を入れてもよいでしょう。

4 火にかける

鍋に煮汁となるAを入れ、水気を切って皮目を上にした2の鯖と3の野菜を入れて中火にかける。沸騰したら火を弱め、1分ほど煮る。
＊鍋は魚に煮汁がひたるくらいの大きさで、浅めのものがおすすめ。

ここがポイント

魚は、煮汁に入れてから火にかける

煮汁を煮立たせてから魚を入れる手順では、魚に味が入りません。霜ふりして身が締まった状態なら、低い温度から火にかけられるので、均等に火が通って魚本来の旨みが出てくるのです。魚全体に火が通ったところで止め、火が入り過ぎないように仕上げましょう。

5 盛り付ける

皿に4を盛り付け、煮汁を適量かける。千切りにした柚子の皮を添える。

＊木の芽や大葉など、その季節のものを添えるとよいでしょう。

＊煮汁は多めの分量になっているので、残りはうどんやそばのつゆにぜひ使い回しを（魚に霜ふりの下処理をしているので、生臭さはありません）。

切り身魚は基本的に、皮を向う側にして盛り付けます。鯖や金目鯛など皮が全体をおおう魚は皮目を表に。付け合わせは右手前に盛り付けて。

ちょっとひとひねり

金目鯛のこってり煮

煮からめる（煮汁を煮詰める）のがこってり煮。水分の蒸発がはやい酒を煮汁に多く使用すれば、短時間で煮詰まり、魚はふっくら仕上がります。

材料／2人分
金目鯛の切り身……2切れ
（1切れあたり約80g）
しいたけ……2枚
ごぼう……20cm
しょうが……1かけ（30g）
A：水……150cc
　酒……150cc
　濃口醤油・みりん……各50cc
　（こってり煮の煮汁の割合
　＝3：3：1：1）
　砂糖……大さじ1・5

1　金目鯛にうすく塩（分量外）をして10分おく。
2　1の金目鯛をP81の要領で霜ふりし、氷水をはったボウルに入れる。
3　しいたけは軸をとる。ごぼうは5cm長さ、さらに縦半分に切り、包丁でたたく。
4　鍋に煮汁となるAと水気を切った2の金目鯛、3の野菜を中火にかけ、沸騰したら金目鯛を取り出す。
5　煮汁が半分になったら、4の金目鯛と薄切りにしたしょうがを加え、金目鯛が温まったら火を止める。
6　皿に5を盛り付け、煮汁を適量かける。

ちょっとひとひねり

鯖の味噌煮

長期熟成させた味噌なら、旨みが凝縮して香りもよいので、より美味しくなります。

材料／2人分
鯖の切り身……2切れ
（1切れあたり約80g）
しいたけ……2枚（軸を取る）
ごぼう……10㎝長さ
（半分に切り、薄切りに）
いんげん……2本
（1／2〜1／3に切る）
A：味噌……45g
しょうが……10g（薄切りに）
砂糖……大さじ2
酢……大さじ1
水・酒……各100cc
B：片栗粉……大さじ1／2
水……大さじ1

1 鯖に切れ目を入れ、塩を振る

鯖の皮目に十字の飾り包丁を入れてうすく塩（分量外）を振り、20分ほどおく。

2 霜ふりする

鍋に湯を沸騰させ、しいたけ、ごぼう、いんげんを湯通しし、ざるにあげる。同じ湯で鯖を霜ふりし、表面が白くなったら冷水にとり、水気をふく。

3 材料を入れてから火にかける

鍋に2の鯖としいたけ、ごぼう、しょうが、Aの煮汁を入れてから火にかける。沸騰したら、弱火で5分ほど煮る。
＊Aの煮汁は鍋に入れる前に合わせ、よく混ぜておきましょう。酢を入れると味わいにバランスがとれ、まろやかに。

4 片栗粉でとろみをつける

いったん鯖を取り出し、よく溶いたBの水溶き片栗粉を入れ、とろみがついたら鯖を鍋に戻し、ひと煮たちして味をからめてから火を止める。

5 盛り付ける

煮汁とともに器に盛り付け、2のいんげんを飾る。

和食器と盛り付けのヒント

第一章でも触れたように、和食には陰陽五行と、五味・五色・五法という料理哲学が根底にあります。本来、とりわけプロの料理の世界では、材料の扱い方に始まり、切り方や色彩、盛り付け方などすべてこの決まり事に則っているのです。

陰陽五行でわかりやすく解説しましょう。これは、万物が「陰＝四角い形・偶数・月・女性など」と「陽

＝丸い形・奇数・太陽・男性など」の2つの要素で成り立つという考え方です。だから丸い料理（陽）は四角い皿（陰）に、四角い料理は丸皿に盛ります。丸い茶碗（陽）にごはんを盛る場合、中央を高めにして三角形（陰）をつくります。刺身なら、たとえば主役のまぐろを3切れ（奇数＝陽）盛ったら、たこを2切れ（偶数＝陰）添えて、合計5切れ（陽）を四角い皿（陰）に盛りつける、という具合です。簡単に言うと、バランスをとるということ。このポイントを覚えておけば、上手に盛り付けができますよ。

また、器にもちょっとしたコツがあります。旬の食材で料理をしたら、器も季節感を意識してみて。夏は涼しげな淡い色を、冬は濃い色が温かみを演出します。つまり洋服のカラーコーディネートと一緒です。さらに言うと、暑い時季は浅めの皿、寒いときは深めの皿が、それぞれ気分的に合うと思いませんか？　ちょっと考えれば、自ずとわかることも少なくありませんね。

家に蔵があった古い時代は、年中行事や冠婚葬祭用に一年どころか十数年に一度使う器が、大事にそろえられていました。ライフスタイルが大きく変わった現代は少数精鋭で、気に入ったものはもちろん、普段使いにこそ上質な器をおすすめしたいですね。美しいもの・素敵なものに日々触れることで、豊かな時間が流れてゆきますから。

やわらかに

肉を蒸す

味を逃さず、じっくりゆっくり

〝蒸す〟調理法は、煮る・ゆでるほど素材の旨みや栄養など水溶性の成分が溶け出すことなく、味を逃がしません。蒸気の持つ熱が食材をゆっくり加熱し、特に肉や卵などたんぱく質を多く含む食材は熱による凝固がゆるやかに。そんな性質を活かした代表例が茶碗蒸しです（P93でレシピ紹介）。

蒸気によってしっとり仕上がる蒸し料理。大根おろしをのせて肉を蒸せば、さらにジューシーに柔らかくなります。なぜなら蒸気が肉に直接当たらず、しかも大根の水分も加わるから。火が入りすぎるとパサつきがちな鶏肉やあわび等に向いています。加熱すると肉と大根おろしから美味しい蒸し汁が出てくるので、受け皿に残った汁は処分せずに他の料理のだし汁として活用しましょう。蒸しあがったら、ポン酢をかけて大根おろしごと召し上がれ。

蒸し鶏の手ほどき

材料／2人分
- 鶏もも肉……1枚
- 塩……小さじ1弱
- 大根おろし……1／4本分
- 長ねぎ……1／2本
- こしょう……少々
- A：濃口醤油……60cc
  - 酢……40cc
  - オレンジジュース……20cc
  - ごま油……10cc

1 肉に塩をする

鶏肉の両面に塩をふり、10分おく。

2 霜ふりする

1の鶏肉を熱湯に入れ、霜ふりする。身が白っぽくなってきたら引き上げる。

ここがポイント

蒸気のあがった状態で蒸し器に入れる

しゅんしゅんと蒸気があがった状態の蒸し器の中は約95℃。レシピのように大根おろしをのせれば、約80℃と、低温でじっくり素材に火を通すことができます。鮮度のよしあしがはっきり出てしまうので、材料選びには特に気を配りましょう。

3 大根おろしをのせて蒸す

皮目を上にした2の鶏肉をバットにおき、水気を切った大根おろし・粗みじん切りにした長ねぎ・こしょうを混ぜて、鶏肉の全面にのせる。蒸気のあがった蒸し器にバットごと入れ、20分ほど蒸す。

4 ポン酢を作る

Aの材料を混ぜ合わせ、ポン酢を作る。

＊ポン酢の割合は醤油3：酢2：果汁1：油0・5。果汁はみかん、オレンジがおすすめ。果汁100%ジュースでも代用OK。

5 盛り付ける

蒸しあがったら、食べやすい大きさに切って器に盛り、4のポン酢を添える。

ちょっとひとひねり

茶碗蒸し

プリンや茶碗蒸しなど、卵を使った蒸し料理は〝す〟を立てないようにするのが鉄則。卵液が柔らかく固まるのは80℃。最初は強火で蒸し、表面が固まったら火を弱めて80℃をキープすればきれいな仕上がりに。

材料／2人分

A：卵……1個
　だし汁……150cc
　薄口醤油……小さじ1
鶏肉……50g
鮭……20g
海老……2尾
ぎんなん……4粒
三つ葉……少々

1　一口大に切った鶏肉・鮭と殻をむいて背わたをとった海老を霜ふりする。ぎんなんは薄皮をむき、ゆでておく。三つ葉は4㎝長さに切る。

2　ボウルに卵を割りほぐし、だし汁、薄口醤油を加えてよく混ぜ合わせる。

3　2を漉して、卵液をなめらかにする。

4　器に1の具を入れて3の卵液を注ぎ、三つ葉をのせる。

5　蒸気のあがった蒸し器に入れて強火で3～5分、弱火にして10分ほど加熱する。

＊鶏肉はもも・むね・ささみ等お好みで。

＊卵本来のなめらかな口当たりを味わえる、あえて具材を入れない茶碗蒸しもおすすめ。

ふんわり

卵を焼く

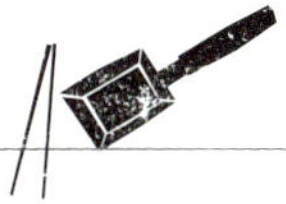

水が引き出す卵の持ち味

焼いてよし、ゆでてよし、もちろん生でも。卵は老若男女問わず好まれる人気者。関東で甘い卵焼きが多いのは、砂糖が贅沢品だった江戸の名残りです。関西のだし巻き卵は、貴重な卵をだしでのばして、かさを増やしたのが始まりとか。

料理店では常に一定の味の料理を提供するためにだしが必要ですが、家庭料理にだしが不可欠という決まりはありません。だから「だし巻卵」でなく、代わりに水を入れて「だしなし卵」を作りましょう。だしはその旨みが支配的になりますが、水なら卵本来の味わいが引き立ちます。また、具材を加えれば、そこからもだしが出ます。具材は卵が焼き上がる間に火が通るよう、野菜は細かく刻み、肉や魚介は予め火を通したものを。卵は調理の前に冷蔵庫から出して、室温に戻しておくのもポイントです。

卵焼き2種の手ほどき

材料／2人分

〈甘い味付け〉
卵……3個
水……50cc
砂糖……大さじ1
醤油……小さじ1
三つ葉……1／4束
サラダ油……適宜

〈甘くない味付け〉
卵……3個
水……50cc
薄口醤油……大さじ1／2
わけぎ……1本
こしょう……適宜
サラダ油……適宜

1 卵液を作る

ボウルに卵を割り入れ、菜箸で軽く溶きほぐし、水を加えてさらに溶きほぐす。卵白の固まりが少し残るくらいになったら、調味料と火が通りやすい大きさに切った具材を加えて混ぜる。

2 焼く準備をする

強火で熱した卵焼き器にペーパータオルでサラダ油をひき、卵焼き器の底をきつく絞ったぬれぶきんに当てて温度を下げる。
＊いったん温度を下げて焼きムラを防ぎます。

卵を菜箸で巻くのではなく、卵焼き器を下45度から上45度に持ち上げるイメージで、弧を描くように動かすのがコツです

3 卵液を入れて焼く

卵焼き器を再び火にかけ、1の卵液を玉じゃくしに軽く1杯分流し入れる。気泡が出てきたら菜箸でつぶし、半熟状になったら奥から手前に卵を巻く。空いた部分にペーパータオルで薄く油をひき、焼いた卵を奥へずらし、手前にも油をひく。

＊卵の巻き方は、卵焼き器ごと下から上へ放り大胆に（写真右）。

ここがポイント

下準備を整え、強火でリズミカルに焼く

卵3個に対し、水50ccがふんわり仕上がる黄金比率。もちろん、だし50ccを用いて〝だし巻き卵〟にしても。強火で一気に焼いていくので、あわてないよう準備を整えて。

4 さらに巻きながら焼く

3の要領で、卵液は3回ほどに分けて流し、そのつど油をひき、卵を巻きながら強火で焼いていく。最後は卵液の量を少なめにし、弱火で焼くと表面がきれいに仕上がる。

＊卵液を入れる際、巻いた卵を菜箸で持ち上げて、下にも流し入れると、巻きやすくなります。

5 形を整える

焼き上がったら取り出して、熱いうちに巻き簾《す》で形を整える。しばらく落ち着かせてから、食べやすい大きさに切って盛り付ける。

ちょっとひとひねり

ゆでる卵料理3種

ゆでる時間と温度の加減で、その味わいがまったく異なるのも卵の魅力。卵焼き同様、調理の前には室温に戻しましょう。温泉卵は正確に温度を設定するのがポイント。

料亭卵

白身が固まって黄身が半熟になる、いわゆる半熟卵。沸騰した湯に入れて、5～6分加熱。その後、冷水にとって殻をむく。
＊味付けにストローで醤油を数滴たらしても美味。

落とし卵

別名、ポーチドエッグ。沸騰した湯に5％の酢を入れ、卵をそっと割り入れて3～4分したら引き上げる。
＊白身が湯のなかで散るのを防ぐため、酢を入れます。

温泉卵

白身は70℃、黄身は65℃で固まり始める性質を応用。卵は水から入れ、火にかけて65℃の湯になったら、温度を保ち20分。その後、冷水にとってから、割れば白身はトロトロに。
＊何度か試して自分好みの温泉卵を見つけましょう。

和えるは

つまりは

調和

ほんの少しのコツで差がつきます

ごまや豆腐などをベースに調味料で整えた和え衣と具を〝和える〟料理です。〝和える〟とは、まとめる・合わせる・からめるといった、具自体の持ち味や形を残しながら軽く混ぜること。つまり調和させるということです。みんなを仲良く上手に調和させるには、まず具には下味をつけておきます。和え衣も砂糖や醤油などで味をつけるので、具がそのままでは水っぽくてなじみませんが、味がついていれば、衣とのつなぎ役になり一体化します。もともと味のついた素材なら、そのまま具にできます。キウイや苺、柿など味がはっきりしている果物を白和えにすれば、デザートにも。

また、和え衣そのものは、材料と調味料を均一に混ぜましょう。そして具は水分をよく切って。せっかく下味をつけても、水気が残っていると味がぼやけてしまうのでご注意を。

白和えの手ほどき

材料／2人分
絹ごし豆腐……50g
A：砂糖……大さじ1
　薄口醤油……小さじ1／2
　練り白ごま……大さじ1
菜の花（上部のみ使用）……1束
油揚げ……1／2枚
しらたき……30g
B：だし汁……100cc
　薄口醤油……小さじ1.5

1 具の下ごしらえをする

菜の花を半分に切り、上部を80℃の湯で40秒ゆで、冷水にとる。油揚げは縦半分に切ってから3㎜の細切りにし、熱湯をかけて油抜きをする。しらたきは熱湯に入れ、あく抜きをしてから食べやすい長さに切る。
＊菜の花の下半分は別の料理でぜひ活用しましょう。

2 具に下味をつける

1の油揚げとしらたきをBと合わせて火にかけ、沸騰したら弱火で2分煮る。ボウルに汁ごと移しかえ、冷めたら水気を切った1の菜の花を入れて15分以上漬けておく。
＊豆腐を用いる白和え衣はいたみやすいので、具は冷ましてから入れましょう。

3 豆腐の水切りをする

豆腐と水（分量外）を火にかけ、沸騰したら弱火で2分ゆで、ざるにあげる。

＊ゆでることで豆腐の水分が飛びます。重しをのせるより格段にはやく水切りできます。

4 和え衣をつくる

ボウルに3を入れ、泡立て器でなめらかになるまで混ぜ、Aを加えてさらに混ぜる。

＊すり鉢ですりつぶす方法もありますが、手早く均一に混ぜられる泡立て器が便利です。

ここがポイント

具は水気をよく切り、直前に和える

味をなじませるために和え衣と具は下味をつけておく、または旨みの強い素材を具に。そして水気をよく切ること。和えてから時間をおくと水分が出たり、色みが変化することも。いただく直前に和えるのが鉄則です。

5 具と和える

2をふきんなどで絞って汁気をよく切ってから4と和える。

6

盛り付ける

ちょっとひとひねり

ごま和え

ごまをする際は直前に煎ると味わいが豊かに。半分くらい粒を残す〝半ずり〟なら食感が残り、口の中で香りも立つので、ごまの味わいがより楽しめます。黒ごまのほうがこくが出ますが、白でも黒でもお好みで。

材料／2人分
黒ごま……大さじ2
A：砂糖……大さじ1／2
　薄口醤油……小さじ1／2
絹さや……12枚
海老……4本

1　すり鉢で黒ごまを半ずりにし、Aを加える。
2　すじをとり、半分に切った絹さやは1分ゆでる。海老は頭と殻と尻尾、背わた・腹わたをとり、2分ゆでる。
＊絹さやに下味として、醤油を数滴（分量外）加えてもよいでしょう。海老は旨みが強いので下味はつけません。
3　水気を切った2を1に入れて和え、器に盛り付ける。
＊ごま和えは具が温かいうちに和えても美味しくできます。

酢の物は

合わせ酢が肝

合わせ酢で毎日酢の物を

夏場はもちろん、毎日の献立に取り入れたい酢の物。防腐作用や食欲増進にひと役買う酢をベースに、醤油やみりんなど調味料を配合した〝合わせ酢〟を用いた料理です。合わせ酢のバリエーションを知れば、さらに活躍の場が広がります。

酢の物に向くのは、米で作るまろやかな米酢より、酸味の強い穀物酢。余計な旨みがない分、素材の味をストレートに引き出してくれるのです。塩分も抑えられ、体によいけれど、ツンとくる刺激やとがった酸っぱさからつい敬遠してしまうという方も多いですね。そこで、合わせ酢を加熱して、酢の刺激成分を飛ばして和らげるひと工夫を。小鍋でひと煮立ち（煮切るとも言います）させても、電子レンジの加熱でもOK。合わせ酢は作り置きできるので、多めに作って冷蔵庫にストックしておくと重宝します。

酢の物3種の手ほどき

酸味の効いたさっぱり味

二杯酢は酢1：醤油1

ここがポイント

合わせ酢は、煮切ることでまろやかに

酢の気やみりんのアルコール分を飛ばすには、ひと煮立ちさせて。冷蔵で二杯酢・三杯酢と土佐酢は約1ヵ月、だしの多い加減酢（P111）は4、5日は日持ちします。

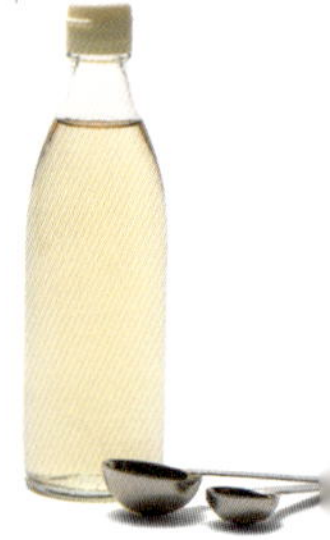

【赤貝・いかの二杯酢がけ】

材料／2人分

A：酢……大さじ1
　醤油……大さじ1

赤貝、いか、わかめ、大葉……適量

1 合わせ酢を煮切る

合わせ酢Aを小鍋に入れ、ひと煮立ちさせ、冷ましておく。

2 盛り付ける

赤貝といか、湯がいたわかめを食べやすい大きさに切り、大葉とともに盛り付け、1をかける。

＊刺身を二杯酢でいただけば、醤油より塩分ひかえめです。

甘さが加わった美味しさ

三杯酢は酢1：醤油1：みりん1

【帆立の三杯酢がけ】

材料／2人分
A：酢……小さじ1
醤油……小さじ1
みりん……小さじ1
帆立、きゅうり、トマト、みょうが……適量

1 右記の要領でAをひと煮立ちさせ、冷ましておく。
2 小口切りにしたきゅうりに塩をし（分量外）、しんなりしたら水気をしっかり切る。トマトとみょうがは食べやすい大きさに切る。帆立は65℃の湯にさっと通し、食べやすい大きさに割く。
3 2を盛り付け、1をかける。

旨みとこくが豊かな万能酢

土佐酢はだし3：酢2：薄口醤油1：みりん1

【しめあじの土佐酢がけ】

材料／2人分
A：だし……大さじ1
酢……小さじ2
薄口醤油……小さじ1
みりん……小さじ1
しめあじ、わかめ、ヤングコーン……適量

1 右記の要領でAをひと煮立ちさせ、冷ましておく。
2 しめあじと湯がいたわかめとヤングコーンは、食べやすい大きさに切る。
3 2を盛り付け、1をかける。

しめあじの土佐酢がけ
赤貝・いかの二杯酢がけ
帆立の三杯酢がけ

ちょっとひとひねり

冷やし麺

二杯酢にだしを加え、さらにかつお節をプラスした加減酢は、そのまま飲んでもマイルドな味わい。やさしい味付けの麺つゆにできるレシピです。

材料／2人分

そうめん……2束

A：だし……250cc

酢……大さじ1

薄口醤油……大さじ1

かつお節……適量

薬味（ねぎ、大葉、おろししょうが）……お好みで

1　P108の要領でAをひと煮立ちさせ、冷ましておく。

2　そうめんを袋の表示とおりにゆで、水にさらし、ざるにあける。

3　小口切りにしたねぎなど薬味とともに2を器に盛り付け、1の麺つゆをかける。

＊加減酢の配合は、だし7〜8：酢1：醤油1にかつお節をプラスしてください。

＊そうめん束の片端を糸で結んでゆで、結んだ部分を切って盛り付けると美しい仕上がりに。

野菜をほどよく漬ける

浅漬けは漬け液から手作りで

野菜料理というとサラダが思い浮かぶかも知れませんが、和食が誇る〝漬け物〟もお忘れなく。市販の浅漬けや調味液はアミノ酸を始め添加物が多く含まれており、味が単一で食べ飽きてしまいます。紹介する浅漬けの調味料は塩と昆布のみ。だから素材となる野菜の風味が際立ち、飽きのこない浅漬けになるのです。塩でなじませてから重しをし、さっと湯通しして昆布だしに漬ける。ひと手間かかりますが、野菜本来の味わいを残しつつ、旨みが十分行き渡った美味しい漬け物が小一時間で完成です。そのときどきの旬の野菜で試してください。冷蔵庫で2~3日は日持ちしますが、生ものなのでなるべくおはやめに。

またヨーグルトと味噌で簡単にできる、ぬか漬け風漬け物のレシピも併記。毎日かき混ぜる手間もなく、思い付いた時にぜひ。

かぶの浅漬けの手ほどき

材料／作りやすい分量
かぶ（葉付のもの）……3個
にんじん……30g（3〜4cm長さ）
塩……大さじ1
昆布だし……250cc

昆布だしの作り方

鍋に水250ccと塩小さじ1、昆布6cm四方分を入れ、ひと煮たちさせて冷ます。
＊昆布も野菜とともにいただくので、適当な大きさに切っておきましょう。

1 野菜を切り、塩をまぶす

かぶは縦半分に切ってから薄く半月切りし、茎の部分は3cm長さに切る。にんじんは皮をむき、縦半分に切って1cm幅の薄切りにする。野菜をすべてボウルに入れ、全体に塩をまぶして10分。その間に右下の要領で昆布だしを作っておく。野菜がしんなりしてきたら、軽くもむ。
＊時間をおかずにもむと、野菜が割れてしまいます。

2 重しをのせて30分おく

1をビニール袋に入れて上に重しをのせて30分おく。
＊写真のように、野菜の入ったビニール袋をボウルに入れ、その上にひとまわり小さいボウルに水をはると均等に重しがかかります。

3 野菜を湯通しし、氷水にとる

重しを外してビニール袋から中身を取り出し、70℃の湯に10秒ほど浸し、すぐに氷水にとる。
＊湯通しすると、とがった塩気が和らぎ、氷水にとることで、野菜の歯ざわりがよくなります。

4 昆布だしに漬ける

軽く絞ってから、3を再びビニール袋に戻し、昆布だしを昆布ごと注ぎ入れる。そのまま30分おく。

ここがポイント

一度湯通しすることで漬かりがはやくなる

野菜に塩をまぶし、しんなりと浸透させてから一度湯通し。すると塩気も和らぎ、野菜の歯ざわりも残しつつ、しっくり味がなじみます。

5 盛り付ける

軽く水気を切って、器に盛る。
＊味見をして漬かりが浅すぎたら、2のプロセスの要領で重しをして調整しましょう。

小松菜とパプリカの浅漬け

材料／作りやすい分量
小松菜……200g
パプリカ（赤・黄）……各1個
塩……大さじ1
昆布だし……250cc

1 小松菜は根の部分を除いて2～3cm長さに、パプリカは縦半分に種とへたを除いて細切りにする。
2 P114の要領で塩をまぶし10分、ビニール袋に入れ30分重しをする。
3 P115の要領で2の中身を70℃の湯に10秒浸し、氷水にとる。軽く絞ってから再びビニール袋に戻し、昆布だしを注いで30分おく。
4 軽く水気を切って、器に盛る。

白菜の浅漬け

材料／作りやすい分量
白菜……1／4個
塩……大さじ1
柚子の皮……1／4個分
昆布だし……250cc

1 白菜は食べやすい大きさに切る。
2 P114の要領で塩をまぶし10分、ビニール袋に入れ30分重しをする。
3 P115の要領で2の中身を70℃の湯に10秒浸し、氷水にとる。軽く絞ってから再びビニール袋に戻し、千切りにした柚子の皮と昆布だしを注いで30分おく。
4 軽く水気を切って、器に盛る。

ちょっとひとひねり

ヨーグルト味噌漬け

昔はどこの家庭でも作られていたぬか漬けも、この方法なら手間いらず。残り野菜で美味しい漬け物を食卓にどうぞ。

材料／作りやすい分量
野菜（にんじん、きゅうり、長いもなど）……適宜
ヨーグルト……100g
A：味噌……300g
　塩……適宜
砂糖……大さじ1・5

1　ヨーグルトと味噌をよく混ぜ、密封式のポリ袋や食品保存袋に入れ、漬け床を作る。
2　野菜は全重量の2％の塩をふって10分おき、さらに塩をまぶして板ずりして水洗いする。
3　2を70℃の湯にさっと湯通しし、ペーパータオルなどで水気をふきとる。
4　3の野菜を1に入れ、空気を抜いて密封し、水をはったボウルなどを重しにして、室温で4時間ほどおく。
＊夏場は冷蔵庫で4時間。
5　野菜と昆布を取り出して食べやすい大きさに切り、器に盛る。
＊野菜は大根、キャベツ、ごぼう、みょうがが、なすもおすすめ。
＊漬け終わった漬け床で味噌汁を。水から煮た具に加えてひと煮たちさせれば、だしいらずでほのかな発酵風味の味噌汁に。

ぱぱっと

寿司飯をつくる

思い立ったら、はい、お寿司

お祭や行事、記念日や誕生日など、ハレの日に欠かせない寿司。「今日はお寿司よ」と聞くと、大人も子どももうれしいものです。かつて寿司は大勢の集まりの振るまいとして一度にたくさん作られましたが、比較的少人数でも気軽に楽しめる分量で、2合・1合にも応用がきくレシピを。少量なら、わざわざ飯台を用意しなくてもボウルで十分、うちわであおぐ必要もありません。

寿司飯の決め手は合わせ酢。作りやすい分量（次ページで紹介）で多めに用意しておけば、寿司飯がさっとできます。ご飯1合分（炊き上がり300g）なら、合わせ酢を大さじ2・5で、2合なら合わせ酢大さじ5で、美味しい寿司飯のできあがり。具は赤・黄・茶・緑・黒の五色をそろえると、彩りも美しく栄養価もアップ。季節ごとに旬の素材を取り入れてみましょう。

ちらし寿司の手ほどき

材料／4人分
米……3合
水……500cc
A〈合わせ酢〉酢……大さじ4弱
砂糖……大さじ5
塩……大さじ1
＊作り置き用・合わせ酢なら大さじ7
B〈薬味〉
しょうが（みじん切り）……1かけ分
大葉（みじん切り）……10枚分
白ごま……大さじ2
うなぎの蒲焼き……1串
いくら……大さじ4
菜の花……一束
もみのり……適量

《作り置き用》
合わせ酢
酢……180cc
砂糖……120g
塩……50g
材料を鍋に入れて弱火にかけ、砂糖と塩が溶けたら火をとめて。冷ましてから保存容器に移し、冷蔵庫で保管すれば約1ヵ月もちます。

卵焼き
（レシピの1／2を使用）
卵……3個
はんぺん……100g
はちみつ……大さじ3
小麦粉……大さじ2
薄口醤油……大さじ1／2

1 米を炊く

米を洗い、水に15分浸してからざるに上げて15分。水を加えて米を炊く。

2 卵焼きを作る

フードプロセッサーまたはすり鉢ではんぺんをペースト状にし、はちみつ・小麦粉・薄口醤油を加え、よく混ざったら割りほぐした卵を入れて軽く混ぜ合わせる。サラダ油（分量外）をひいた卵焼き器に1㎝厚さに流し、弱火で3～5分カステラ状に両面焼いて冷ましておく。

3 他の具材を準備する

うなぎと2の卵焼きは1㎝幅の短冊切りに、軸を切った菜の花は塩ゆでしてから半分に切る。また、Aを混ぜて用意しておく。
＊うなぎの代わりに、さんまの蒲焼き缶詰を利用しても美味です。

4 寿司飯を作る

1が炊きあがったらボウルに移し、3の合わせ酢を入れ、次にBを加え、切るように混ぜる。
＊ボウルの寿司飯は縁に広げるようにすれば、余分な熱と水分が飛びます。
＊できあがった寿司飯は、ぬれぶきんをかけて乾燥を防いで。

ここがポイント

作り置きの合わせ酢があれば少量の寿司飯もラクラク

寿司飯は合わせ酢が加わるので、米はその分固めに炊いて。通常に炊くごはんでも、水分が飛んでいる上部を1合分なら寿司飯に適しています。寿司飯300g（ごはん1合分）＝太巻き寿司1本分＝細巻き4本分が目安。

5 盛り付ける

器に4をよそい、3のうなぎと卵焼き、菜の花、いくら、もみのりをバランスよく盛り付ける。
＊好みで山椒をのせると、より季節感が演出できます。夏は大葉、秋冬は柚子の皮がおすすめ。

ちょっとひとひねり

太巻き寿司

太巻き寿司も、のりの黒を含めて彩りを5色にすると、きれいな仕上がりになります。

材料／1本分
寿司飯……300g
うなぎの蒲焼き……100g
きゅうり……1／2本
A：水……300cc
　塩……小さじ1
　昆布……5cm
海老……3尾
卵焼き……P120のレシピで作ったもの適宜
のり……1枚

1　きゅうりは縦に四つ割りし、Aに漬けて1時間ほどおき、水気を切っておく。
2　海老は背わたを抜き、中心に竹串を刺して曲がらないよう、塩少々を入れた湯（ともに分量外）でゆでて殻をむく。うなぎと卵焼きは1cm角の棒状に切る。
3　巻き簾にのりを置き、寿司飯をのせ、手前5mm、向こう側1cmくらいを残して広げる。
4　具を手前側にやや重なり気味に並べ、巻き簾ごと立ち上げて指で具を押さえながら巻き込む。
5　巻き終えたら輪ゴムで固定し、15分ほど置く。
6　包丁をぬれぶきんで拭きながら、左端から幅2・5cmくらいに切り、盛り付ける。

箸のたしなみ・作法の本質

「箸に始まり、箸に終わる」。この言葉は日本のしきたりにおける、人の一生を表しています。赤ちゃんが初めて箸に触れる行事「お食い初め」（箸初め）を経て、その後日々の食事に箸を使い、人生の最後には箸を水で湿らせた「死水」をとるのです。

わたしたちは普段何気なく箸を使っていますが、中国から3世紀頃の弥生後期に日本に伝わった歴史があります。その後、日本人は箸のみで食事をする文化を発展させてきました。箸は熱い・冷たい・やわらかい・小さいといったものを自在につまんで食せるので、和食はバリエーションが広がったとも言われます。また会席料理など格式のある料理において、箸は細やかな趣向を凝らした盛り付けを可能にしました。

そして冒頭の言葉は、箸づかいを基本とする和食の作法でもあります。箸の持ち方・使い方はご家庭で習ってきたでしょうし、テレビや雑誌などのメディアでも取り上げられているので、ここではなぜ箸に作法があるのかを考えてみましょう。

箸づかいには「きらい箸」という、してはいけない決まり事が70種くらいあるとされます。そこには大きく分けて「一緒に食事をしている人を不快にさせる」「食器や箸を傷つける」「仏事や縁起に関わる」の3つの理由があります。つまり逆に言えば、他者やもの、森羅万象に対して配慮や敬意を持てばよいのです。その点を理解していれば、ふるまいは自然とていねいに、美しくなるのです。

箸置きにしても、単に季節感を演出するだけではありません。本来は、食事中に箸を休める際に、箸先が直接お膳に触れないようにするため。ちなみに、箸の口に触れてよいとされるのは箸先約3㎝なので、そこが箸置きにふれないように置きましょう。また箸置きは、箸を2本そろえて取り上げやすくする役割もあります。楽しみながら日常的に箸置きを使えば、所作もスマートに。

箸づかいのみならず、日本文化の根底に流れる作法は、ただ覚えるだけでなく、その背景にある日本のこころを知ることが大事なのです。

写真提供・所蔵・協力

(公財)前田育徳会 尊経閣文庫 (P28)

国立国会図書館 (P33上下・35)

神奈川県立歴史博物館 (P36)

(公財)吉田秀雄記念事業財団
アド・ミュージアム東京 (P37)

農文協プロダクション (P43)

フォトライブラリー (P47)

【参考文献】

第二章

『講座 食の文化 第二巻 日本の食事文化』
石毛直道(監修) 味の素食の文化センター

『日本食物史』
江原絢子、石川尚子、東四柳祥子
吉川弘文館

『江戸の食文化』
原田信男 小学館

第三章

『箸づかいに自信がつく本』
小倉朋子(監修) リヨン社

『おはしのおはなし』
高橋隆太 WAVE出版

『箸の作法』
奥田和子 同時代社

＊ 第三章「和食を作ってみましょう」のP50～63・72～85・88～123はUC/セゾンカード会員誌「てんとう虫/express」連載「考える和食」掲載の記事を再構成・デザイン修正の上、再録したものです。

解説／執筆

野﨑洋光 のざき・ひろみつ

1953年福島県生まれ。89年「分とく山」を西麻布に開店、現在5店舗の総料理長を務める。テレビ・雑誌・講演などでも活躍。著書多数。

「分とく山」東京都港区南麻布5-1-5
03-5789-3838 (日曜・年末年始休)

奥村彪生 おくむら・あやお

1937年和歌山県生まれ。伝承料理研究家。奈良、飛鳥時代から現代に至る様々な料理を復元、現在、御食国若狭おばま食文化館で展示中。2009年美作大学大学院でめんの研究にて博士号取得。著書に『日本めん食文化の一三〇〇年』(辻静雄食文化賞／農文協)等多数。

イラストレーション

土居香桜里

写真

山口卓也

髙橋栄一 (P20)
『野﨑洋光 和のおかず決定版』(世界文化社)より

企画協力・取材

橋本麻紀(ランチボックス)

デザイン

佐藤のぞみ(ish)

Afterword

Can you introduce people to the things that give Japan its charm?

What is appealing about Japan to you?

Once, Japan was known around the globe as an economic great power, but in more recent years there have been visible moves to emphasize the attractions of the country's culture to the outside world. Furthermore, people elsewhere have likewise been demonstrating great interest in Japanese culture these days.

Japan has a rich natural environment with a beautiful landscape that shows off the changing seasons. This combination has produced so many charming features that have been carefully maintained over the centuries that one could never count them all, spanning food, techniques of craftsmanship, performing arts, observances, and customs. The "soul" that our forerunners nurtured likewise remains a robust presence.

Some of the things that are a matter of course to we who were born and have grown up in Japan may even seem mysterious to non-Japanese. In that light, we ourselves want to first take a fresh look at what's appealing about Japan's natural environment and culture, learn it anew, and then pass on what we have learned down the generations and out into the wider world. That sentiment has been infused into the *Nihon no tashinami-cho* [Handbooks of Japanese taste] series.

It is our hope that this series will present opportunities for the lives of its readers to become more healthy and enjoyable, enrich their spirits, and furthermore for taking a fresh look at their own cultures.

編集制作
株式会社アダック

装幀
宇賀田直人

表紙カバー・帯図案
榛原聚玉文庫所蔵　榛原千代紙「風待草」（きなり）

英訳
Carl Freire

日本のたしなみ帖

和食

2015年4月24日　第1刷発行

編者――『現代用語の基礎知識』編集部

発行者――伊藤滋
発行所――株式会社自由国民社
東京都豊島区高田3-10-11
03-6233-0781（営業部）
03-6233-0788（編集部）
03-6233-0791（ファクシミリ）

印刷――株式会社光邦
製本――新風製本株式会社